교 회 를
떠 나 는
사 람 들

탈 교 회 인 8 인 인 터 뷰 집

KB190878

교회를
떠나는
사람들

탈 교 회 인 8 인 인 터 뷰 집

초판 1쇄 인쇄 2022년 7월 11일 │ 초판 1쇄 발행 2022년 7월 18일

인터뷰어 이혜성

펴낸곳 북오븐 │ 펴낸이 이혜성 │ 등록번호 제2020-000093호
이메일 bookoven@bookoven.co.kr
페이스북 facebook.com/bookoven │ 인스타그램 instagram.com/book_oven
총판 비전북 주문전화 031-907-3927 │ 주문팩스 031-905-3927

ISBN 979-11-974071-7-8 (03230)

교회를 떠나는 사람들

인터뷰어 | **이혜성**

탈 교 회 인 8 인 인 터 뷰 집

북오븐

차 례

~~~~~~~~~~~~~~~~~~~~~~~~~~~~~~~~~~

~~~~~~~~~~~~~~~~~~~~~~~~~~~~~~~~~~

"요즘도 교회 다니세요?"라는 얘기를 자주 듣습니다. 대체로 의외라는 반응입니다. 그 행간에는 여러 의미가 담겨 있습니다만 긍정적인 뜻이 아님은 분명합니다. 개신교회는 부도덕과 반지성주의로 교회 안팎에서 비판받고 있습니다. 어떤 이들은 '신앙을 지키기 위해 교회를 떠난다'고 말하기도 합니다.

가나안 성도(교회 안 나가는 성도)라는 이름이 좀 익숙해지려고 하는 이때, 교회 이탈은 몇몇 개인에게서 일어나는 일이 아닌 '탈교회 현상'이라는 하나의 흐름으로 가속화되고 있습니다.

이미 적지 않은 저자와 연구자들이 개신교회의 탈교회 현상을 논문과 책을 통해 연구하고 출간했습니다. 이러한 선행 연구는 많은 이들에게 탈교회 현상을 이해하는 데 도움을 주었습니다. 학문적이고 거시적인 안목에서 탈교회 현상을 연구하는 것도 중요합니다. 하지만 교회를 떠나는 이들에게 다가가 그들의 목소리를 직접 들어보는 것도 의미 있겠다는 생각이 들었습니다. 그래서 인터뷰라는 장르에 그들의 목소리를 담아보았습니다.

이 책은 특별한 의도가 없습니다. 교회를 떠나는 이들을 무작정 편들거나 비판하는 책이 아닙니다. 인터뷰어의 목소리는 최소화하고 특정 방향으로 대화를 유도하지 않으려고 노력했습니다. 그저 교회 안팎 그리고 경계에서 고민하는 이들의 목소리를 가감 없이 담으려고 노력했을 뿐입니다.

꺼내기 쉽지 않은 이야기를 용기 있게 해준 8명의 인터뷰이에게 고마움을 전합니다.

인터뷰어 **이혜성**

01

담임 목사에서
무신론자로

정근석은 50대 중반 기혼 남성이다. 모태 신앙인이며 보수적인 장로교단에서 목사 안수를 받고 한 교회에서 담임 목회를 했다. 10여 년 전 교회를 떠났으며 지금은 무신론자이다.

● 보수 교단에서 신앙생활을 시작해서 무신론자가 되기까지 신앙 여정을 간략하게 말씀해 주세요.

● 소위 말하는 모태 신앙인입니다. 아버지 어머니 모두 장로, 권사님이셨고 지금은 돌아가신 지 7년 되었네요. 초중고 시절에는 교회에서 참 많은 시간을 보냈습니다. 그때는 대부분 그렇지 않았나 싶네요. 지금과는 매우 달랐죠. 학생회 활동도 많았고 거의 모든 교회 활동들이 학생들의 자발적 참여로 이루어졌으니까요.

　　1984년에 학부 신학과에 입학했고, 92년에 보수 개혁주의 계열의 미국 C 신학교 M.div.에 입학했습니다. 미국 갈 때까지는 모교회에 출석했습니다.

미국 신학교 졸업 후 96년에 귀국했고 97년부터 장로교단 신대원 3학년에 편입했습니다. 한국에서 목회하려면 교단 신대원에 최소 1년은 다녀야 한다는 조건이 있었어요. 그렇게 신대원 다니면서 모교회에서 교육전도사로 일했습니다.

신대원 졸업 후 울산에서 강도사로 있다가 거기서 목사 안수를 받았습니다. 그리고 부산으로 사역지를 옮겨서 7년 동안 부목사로 일했고 서울의 한 교회에 담임목사로 청빙을 받아 2007년 12월에 서울에서 사역을 시작했습니다. 그리고 2011년 봄에 교회를 사임하고 그 이후로는 교회와는 인연을 가진 적이 없네요.

● **목사가 된 이유는 무엇이었나요?**

● 글쎄요. 저는 그냥 자연스러운 과정이었다고 밖에는 설명 못 하겠네요. 목사 아들을 둔 집마다 이런 이야기 하나쯤은 다 있지 싶은데…. 제 아버님은 결혼 초기에는 신앙이 없었다고 합니다. 그런 와중에 어머니께서 큰아들을 하나님께 바치겠다는 서원기도를 했어요. 우여곡절 끝에 아버님이 신앙을 가지시고 교회 출석하시게 되었답니다. 그런 이야기를 어릴 때부터 어머니한테서 많이 들었죠. 그래서 자

연스럽게 이 길로 들어선 것 같습니다. 제 개인적으로 어떤 강렬한 부르심의 체험 같은 것은 없었어요. 늘 교회 중심으로 생활을 하다 보니 신학교에 가는 것, 목사가 되는 것이 자연스러운 과정이었습니다.

● **신앙생활 중에 가장 크게 영향받은 신학자나 목회자가 있나요?**

이건 솔직히 지금 생각이 잘 안 나네요. 신학교 다니면서 가장 큰 영향을 준 목사님은 K 목사님이었죠. 돌이켜 생각해보면 그때는 참 열렬하게 그분의 설교를 들었고 서울에 갈 일이 있으면 꼭 그분이 목회하는 교회에 가고 부산에 그 목사님 집회가 있다고 하면 열 일을 제쳐놓고 찾아갔습니다. 그분의 "죄 죽임의 교리" 설교를 다 들었죠. 이분 때문에 한국에 청교도 연구 열풍이 불었을 거예요. 아마도. 그래서 저도 존 오웬 전집을 미국에서 주문해서 읽고 그랬습니다. 그 목사님처럼 그렇게 경건하고 지적이고 눈물과 열정이 있는 목사가 되고 싶었죠.

무신론자가 된 후 그 목사님을 생각해보니 지성이나 영성이 탁월한 분이긴 한데 그만큼 순수한 망상에 사로잡힌 분이라는 생각이 들어요. 그분이 쓰신 책을 보면 자기를 종종 그렇게 표현하더군요. '그리스도의 노예'. 그 표현이 딱

맞아요. 그리스도인이란 그리스도의 노예죠. 노예에게는 자유가 없죠.

● **왜 목회를 그만두고 교회를 떠나셨나요?**

● 여기서부터 이야기가 길어지는데… 복잡하기도 하고….

서울 교회 담임목사로 부임하고 난 후 여러 가지 의문이 들기 시작했어요. 처음 들었던 의문은… 뭐라고 해야 할까? '하나님 나라가 도대체 뭔가?'라는 질문이었어요. 신학도 공부했고 담임목사도 되었는데 하나님 나라를 내가 이해한 것 같기도 하고 이해를 못 한 것 같기도 했어요. 예수가 말한 하나님 나라가 도대체 뭔가? 하나님 나라가 가까이 왔다? 얼마나 가까이 왔지? 왜 예수 당시의 그 많은 사람들이 하나님 나라가 가까이 왔다는 예수의 말에 그렇게 적극적으로 호응하고 따라다녔을까? 특히 예수의 제자들은 직업도 가족도 다 버리고 예수를 따랐습니다. 이게 쉽게 이해가 가나요? 하나님 나라가 뭐길래, 하나님 나라가 가까이 왔다는 말을 그들은 어떻게 이해했길래 가족도 직업도 버릴 수 있었을까? 궁금했습니다.

지금 한국교회에 하나님 나라는 어떻게 이해되고 있나요? 하나님의 통치하심? 하나님의 통치가 이미 시작되었으나 아직 완성된 것은 아니다. 뭐 이렇게 정의하지 않나요? 예수가 십자가에서 죽고 부활함으로 마귀는 패했다. 마치 사나운 개를 목줄에 묶어 놓은 것처럼 마음대로 날뛸 수 없도록 제어해 놓으셨다. 당시의 예수의 제자들도 하나님의 나라를 이런 식으로 이해했을까? 이미 왔지만 아직은 오지 않은 그 나라를 위해서 그들은 모든 것을 버렸나?

그런데 왜 요즘 교회는 하나님 나라가 가까이 왔다고 전하지 않지? 하나님 나라가 가까이 왔다고 전하고 돌아다니는 사람들을 이단이나 종말론자 취급하지 않나요? 왜 예수와 그의 제자들이 가족과 직업과 모든 것을 버리고 전한 것 같은 열정으로 우리는 그렇게 하지 않을까? 마치 내일이라도 당장 예수가 재림하고 하나님의 나라가 임할 것처럼 그렇게 다급한 외침이 왜 없을까? 왜 당시의 사람들은 하나님 나라가 가까이 왔다는 예수의 말에 그렇게 열정적으로 반응했을까?

이건 지금 돌이켜 생각해보면 예수가, 하나님 나라가 가까이 왔다, 임박했다고 했을 때 그 의미는 자기들이 죽기 전에 세상의 종말이 오고 하나님 나라가 올 줄로 생각했을 때만 제자들의 행동이 이해되더라고요. 가족과 생계와 모든 것을 버리고 곧 닥쳐올 하나님 나라를 맞이할 준비를 한 것이죠.

위키백과에 다미 선교회 사건을 기록한 것을 보면 당시에 곧 세상의 종말이 올 것이라고 믿었던 사람들이 전 재산을 교회에 갖다 바치고 전도하러 돌아다니고 학생들은 학업을 포기하고 산으로 들어가고 했던 기록이 있어요. 그야말로 임박했다는 믿음과 확신이 있었기 때문에 그런 행동이 나오는 겁니다. 지금 교회에서 가르치는 것처럼 이미 왔지만 아직은 아닌, 하루가 천년 같고 천년이 하루 같아서 언제 올지 모르는 그런 하나님의 나라는 당시의 제자들과 같은 반응이 나올 수 없는 것입니다. 이제는 하나님 나라가 임박했다고 소리치고 다니면 이단 취급받는 세상 아닙니까? 기독교인들도 이런 사람들이 부끄럽잖아요?

하여간 그렇게 하나님 나라에 관심을 가지고 책을 읽다 보니 자연스럽게 역사적 예수 연구에도 관심을 가지게 되었습니다.

유대인 남자 예수는 누구인가? 어떤 사람이었나? 다양한 저자의 책을 꽤 읽었는데 지금 기억나는 건 존 도미니크 크로산, 마커스 보그 등이네요. 성경이나 신학 서적 안 읽은 지 10년이 넘었거든요. 그렇게 역사적 예수, 유대인 남자 예수에 관한 책을 읽다 보니 예수가 신이 아닐 수도 있겠다는 생각이 든 거예요. 전에는 그런 생각을 한 번도 해 보지 않았죠. 예수는 완전한 하나님이고 완전한 사람이다. 우리를 죄로부터 구원하기 위해 이 땅에 오신 구원자 예수라고 100% 확신하고 믿었죠. 그런데 그렇지 않을 수도 있다는 생각이 든 겁니다. 마치 거대한 댐에 생긴 작은 구멍 하나가 전체 댐을 무너뜨리는 것처럼 그렇게 무너지기 시작한 겁니다. '예수가 신이 아닐 수도 있겠다. 신이 아니라 그냥 인간이구나. 신격화된 거구나' 라는 데까지 생각이 미친 거죠. 어떻게 예수의 신성을 부정할 수가 있지? 그게 그렇게 쉽게 생각이 바뀌어? 쉬운 것도 아니고 간단한 것도 아니었지만 결과적으로는 그렇게 되었습니다.

하나님 나라가 가까이 왔다. 이 문제에 대해서도 한 번 설교한 적이 있는데. 가까이 왔다는 게 어느 정도 가까이 와야 가까이 왔다고 말할 수 있을까? 가까이 왔다는 말이 1년도 되고 10년도 되고 100년도 1,000년도 되고 내가 올 때까지로 확장된다면 그 가깝다는 말이 의미가 있는 말일까? 하나님께는 하루가 천년 같고 천년이 하루 같다. 성경에 있죠. 의미 없는 헛소리 아닙니까?

친구와 12시에 만나기로 했는데. 친구가 12시가 됐는데 아직 안 와요. 그래서 전화합니다. 야, 왜 안 와? 어, 다 왔어. 조금만 기다려. 한 시간이 지났어. 아직도 안 와. 야, 한 시간이 지났는데 너 어디야. 다 왔어. 바로 근처야. 2시간 지났어. 야, 너 도대체 어디야. 다 왔어! 조금만 기다려.

결국 하루가 지났습니다. 다음날 만나서 친구가 하는 말이 '내가 다 왔다, 가까이 왔다는 말은 내가 올 때까지야'라고 말한다면 어떨까요. 그 친구는 앞으로 계속 관계를 맺어도 될 믿을만한 친구입니까? 아니면 손절해야 할 첫 번째 사람입니까?

가장 현타가 온 성경 본문 중의 하나가 데살로니가전서 4장입니다. 이 구절은 장례식 때 수도 없이 인용한 성경 구절인데 그전에는 한 번도 그런 의문을 가져본 적이 없어요.

> "주께서 호령과 천사장의 소리와 하나님의 나팔 소리로 친히 하늘로부터 강림하시리니 그리스도 안에서 죽은 자들이 먼저 일어나고 그 후에 우리 살아남은 자들도 그들과 함께 구름 속으로 끌어 올려 공중에서 주를 영접하게 하시리니 그리하여 우리가 항상 주와 함께 있으리라"(데살로니가전서 4:16-17)

예수 재림 전에 자꾸만 먼저 죽는 성도들이 있으니 사람들이 궁금했겠죠. 예수님은 오지도 않았는데 먼저 죽는 이 성도들은 어떻게 될까? 그런 궁금증에 대해서 바울이 편지로 위로한 것입니다. 걱정하지 말아라. 예수님 재림할 때 죽은 자들이 먼저 일어나 예수님을 영접하게 되고 그때 살아있는 우리도 함께 오시는 예수님을 영접하게 될 거다. 그런데 이 본문 가지고 장례식 때 설교를 하면서도 저는 이 '우리'를 항상 현재를 사는 '우리'라고만 생각한 거죠. 지금 우리에게 주는 위로다. 참…. 초등학교 국어를 다시 해야 할 판이죠. 바울이 말한 '우리'는 누굽니까? 당연히 그 글을 쓰는 자기 자신과 그 글을 읽는 데살로니가 교인들이죠. 바울은 명백히 자신이 살아있는 동안에 예수가 재림할 것이라고 믿었고 교인들도 믿었습니다.

그런데 예수가 왔습니까? 안 왔죠. 세례요한도 하나님 나라가 가까이 왔다고 했고 예수도 그랬고 바울은 예수가 생전에 재림할 것이라고 했죠. 그런데 오지 않았습니다. 역사적으로 수많은 종말론 공동체들이 종말을 예언했지만 다 실패했고 예수도 바울도 실패했고 다미 선교회 이장림도 실패했고 또 앞으로도 수많은 종말론자가 나와서 세상의 종말을 외치겠지만 예수처럼 바울처럼 실패할 겁니다.

● **그럼 담임 목회를 그만두실 때 무신론자셨나요?**

○ 제가 담임 목사를 사임할 때는 무신론자는 아니었습니다. 소위 말하는 자유주의자였죠. 목사 사임의 이유를 당회록에 기록해야 하는데 그 이유가 두 가지였습니다. 하나는 성경의 무오성을 믿지 않는다. 또 하나는 예수가 유일한 구원자임을 믿지 않는다. 제 기억으로는 그렇습니다. 목사를 사임할 당시에는 종교다원주의자 정도의 입장이었어요.

제가 담임하던 교회 근처에 고등학교가 있어요. 교회 여집사님 중에 한 분이 거기 교사였는데 학교 채플에 와서 설교를 한 번 해달라고 해서 갔는데 그때 그런 얘기를 했어요. 어떤 내용으로 설교했는지 자세히 기억은 안 나는데, 학생 여러분이 이 세상에 꼭 필요한 사람, 훌륭한 사람이 되는 데 꼭 어떤 특정한 종교에 매일 필요는 없다. 불교를 믿든 기독교를 믿든 혹은 어떤 종교를 가지고 있든 그런 게 중요한 게 아니다. 진실하고 정직하게 사는 게 중요하다. 뭐 그렇게 설교했던 것 같습니다. 그때 이미 종교다원주의자가 된 것 같습니다. 그 학생들을 상대로 오직 예수, 오직 성경이니 이런 설교를 할 수가 없더라고요.

그리고 구약의 폭력성 문제도 이전과는 다른 관점으로 보이기 시작한 겁니다. 평생을 하나님은 절대적으로 선하시다. 그가 행하시는 일은 현재 우리의 눈으로 볼 때는 이해하기가 어려운 것이 많으나 하나님이 행하시는 일은 최종적으로 선을 이룬다. 이렇게 평생 세뇌되어 살아왔으니 구약성경에 나오는 그 수많은 폭력적인 이야기들을 읽으면서도 전혀 문제의식을 느끼지 못했어요.

한 번은 교회에서 그런 영상을 보여준 적이 있어요. 이슬람 사회에서 간음한 여자를 돌로 쳐 죽이는 장면. 돌로 쳐 죽이라는 명령을 글로 읽는 것과 영상으로라도 보는 것은 천지 차이죠. 아마 교인들도 그 장면을 보고 굉장히 불편했겠죠. 그런데 그 명령이 코란에 있는 것만이 아니라 성경에도 있고 하나님이 실제 명령하신 것이잖아요. 가나안을 점령하면서 행한 살육도 그렇고.

민수기 31장도 충격이었죠. 왜 전에는 이걸 읽으면서도 아무런 문제를 느낄 수 없었는지, 그래서 세뇌라는 것이 이렇게 무서운 거구나 실감한 구절입니다. 이스라엘이 미디안 족을 멸하는 이야기죠. 여자들과 아이들을 포로로 잡아 오는데 모세가 그걸 보고는 대노(大怒)하죠. 그래서 포로로 잡아 온 여자와 아이 중에 남자아이들은 다 죽이라고 합니다. 한 번 그런 상상을 해 본 적이 있어요. 이걸 교회에서 연극으로 만들어보면 어떨까? 아이들을 칼로 다 죽이는 장면, 그 비명, 그 아우성, 엄마를 붙잡고 떨어지지 않으려는 아이들을 강제로 끌고 가서 칼로 죽이는 장면. 이게 글로 읽는 것과 실제로 보는 것은 엄청난 차이가 있는 겁니다. 그리고 여자들은 어떻게 했나요? 처녀가 아닌 여자는 다 죽이죠. 처녀인 여자들은 어떻게 합니까? 살려둡니다. 그리고 나중에 전리품으로 다 나누어주죠. 그 여자들 데려다가 이스라엘 백성들이 어떻게 했겠습니까? 성경 공부를 시켰을 리도 없고…. 성노예였죠. 하나님의 명령으로 이루어진 겁니다. 이런 걸 읽으면서도 전혀 문제의식을 못 느낀 저 자신을 한탄한 겁니다. 하나님은 선하다. 다 하나님의 깊은 뜻이 있었을 거야. 가나안이나 미디안이나 죽을 만하니까 죽었지. 죽을 만한 죄를 지었으니 하나님이 죽이라고 한 거지. 전형적인 가해자 중심주의죠. 맞을 만하니까 맞았다. 때릴 만하니까 때렸다. 따돌림당할 만하니까 따돌림당한 거다. 성폭행당할 만하니까 당한 거다.

그리고 가장 결정적인 역할을 한 것은 역시 진화론이었죠. 교회 선임 장로님과 목사실에서 이 문제로 잠시 얘기를 나눈 적도 있는데, 그 장로님의 입장은 소진화는 인정하지만, 대진화는 인정하지 않는다는 거였습니다. 뭐 더 이상 대화의 진전은 없었습니다. 기독교인 대부분이 그런 입장이겠죠.

인간은 진화의 산물이다. 아담과 하와는 역사적 실제 인물이 아니다. 창세기에 기록된 타락 사건은 없었다. 타락이 없었으니 구원이 왜 필요하지? 죽음이란 그냥 자연현상이다. 죄의 결과가 아니다. 인간은 구원받을 필요가 없다. 인간은 그냥 선과 악 양면성을 가지고 있다. 100% 순수한 선인도 없고 100% 순수한 악인도 없다. 때로는 선하고 때로는 악하다. 그러니 메시아가 왜 필요하지? 왜 예수가 필요하지? 이런 의문이 들더군요.

사실 이것은 교회를 떠나고 무신론자가 된 후에 확실하게 정리한 문제지만 교회를 떠나기 전에는 참 고민이 많았습니다. 진화론과 신앙을 어떻게 모순되지 않게 유지할 수 있을까? 그래서 유신진화론에도 관심을 가졌고 바이오 로고스 웹사이트에서 이 문제들을 어떻게 설명하는지 찾아보기도 하고 했는데 아무리 읽어도 나 자신을 설득하기가 어려웠어요. 나도 설득이 안 되는데 교인들을 설득할 수 있을까 싶더군요.

목사가 이런 관점을 가지고 있으니 당연히 설교에 드러날 수밖에 없겠죠. 일반 평신도들은 몰라도 장로님들이나 권사님들은 눈치를 챌 수밖에 없었죠. 그래서 '우리 목사님 설교가 이상해졌다' 그런 이야기들이 돌았습니다. 어느 날 권사님 한 분이 저에게 이메일을 보내셨는데 지금 자세히 기억은 나지 않는데 '목사님 설교가 너무 현세적이다. 내세에 대한 소망은 사라지고 현재, 여기서, 어떻게 이런 것만 설교하신다' 그런 내용이었습니다.

교인들이 목사의 설교를 신뢰하지 않고 '우리 목사님은 성경을 사실대로 믿지 않는다. 자유주의자다' 이런 의심을 하니까 '아! 이제 더 이상 설교를 할 수 없겠구나' 목사가 교인을 위해서 금식하고 철야 기도를 해도 모자랄 판에 성도들이 목사의 신앙이 걱정돼서 기도할 상황이 됐으니 이제 내 역할은 여기까지구나 싶었습니다. 장로님들도 걱정이 많았죠. 그분들이 저를 막 쫓아내려고 한 것도 아니고 '목사님이 바른 신앙으로 돌아오신다면 목사님과 끝까지 가고 싶습니다'라고 말할 정도로 참 훌륭한 분들이었습니다. 저도 평생을 교회에서 살고 몇 교회를 섬겨봤지만 가장 존경할만한 장로님들이었습니다.

그런데 처지를 바꿔 놓고 생각해보면 내가 장로고 교회 담임목사가 나와 같은 생각을 하고 있다면, 아마 제가 제일 먼저 목사 쫓아냈을 겁니다. 교회 장로님들이 목사가 걱정되니 일주일 휴가를 주고 기도원에 가서 기도라도 좀 하고 오라고 그랬어요. 아내와 같이 강화도에 있는 어느 기도원에 갔었는데 기도가 되겠습니까? 그때 마음을 굳혔죠. '사임해야겠다.' 그리고 돌아와서 당회 할 때 사임하겠다고 말한 것 같아요. 정확하게 기억은 나지 않지만.

- **목회를 그만둘 때 내적 고민이나 가족들의 반대는 없었나요?**

내가 이런 생각을 가지고 계속 목회를 할 수 있을까 하는 생각을 했지요. 아무리 생각해봐도 못할 것 같았습니다. 적어도 보수적인 교단에서는 더 이상 목회를 못할 거라고 봤죠. 그러면 그냥 속마음은 숨긴 채 겉으로만 보수신앙을 외치면서 목회를 하면 안 될까, 라는 생각도 해봤는데 그게 안 되더라고요. 양심의 문제 그런 게 아니라 그냥 그게 안 되더라고요. 목사는 앞에서 말을 해야 하는 사람이고 말이란 자기가 평소에 읽고 듣고 공부하고 입력한 게 출력이 되는 건데 '이걸 도대체 어떻게 숨길 수 있을까? 이미 교인들은 다 알고 있는데' 이런 생각이 들더군요.

그리고 이 교회는 내가 굴러온 돌이다. 아무 문제 없던 공동체에 목사가 갑자기 자유주의 신앙을 들고 와서 분란을 일으켜서 되겠는가? 그리고 보수신앙과 자유주의 신앙을 가지고 싸워봐야 자유주의 신앙을 절대 이길 수가 없고요. 그래서 나가서 이런 신앙과 신학을 가진 교회를 개척해 볼까 생각도 해봤는데 누가 그런 교회에 올까? 나도 나 자신을 설득할 수 없는 신앙을 누구에게 전할 수 있을까? 그래서 그냥 개척이든 뭐든 어떤 형태로든 목회는 하지 않겠다는 결론을 내렸습니다.

아내는 흔쾌히 제 생각을 지지해 주었습니다. 이런 문제로 이혼하고 가정이 깨지는 경우도 많다고 들었는데 저희는 그런 문제가 없어서 다행이었죠. 한 번은 교회 권사님들이 아내를 따로 불러서 혼을 냈다고 그러더군요. 목사가 저렇게 이상한 사상에 빠져있는데 사모가 기도도 안 하고 뭐 하냐고요.

담임목사로 부임하고 나서 딸 아이를 둘 입양했습니다. 그때 당시 고등학생 아들 둘은 있었고요. 아내가 그러더군요. 이 두 딸이 목사의 집안에 입양되어 기독교인으로 성장하면 구원받은 자녀가 될 테고 혹 무신론자나 타 종교인에게 입양되면 구원받지 못하게 되는가? 이건 너무 불합리하지 않은가? 뭐 그런 생각을 했다고 합니다. 두 아들도 이 문제 때문에 갈등하지 않았습니다. 제 생각이 틀리지 않았다고 믿는 것 같았습니다.

부모님과 동생들이 제 걱정을 많이 했지요. 부모님은 교

회의 장로와 권사였고 큰아들이 부산에서 서울로 담임목
사로 청빙 받아 소위 영전하게 됐으니 자랑거리였겠죠. 그
런데 몇 년 되지 않아서 목회를 그만둔다고 하니 얼마나 낙
심이 되고 걱정을 했겠습니까? 바로 아래 동생은 베트남
선교사고 막냇동생은 장로니 이러는 형이 이해가 안 되었
겠죠. 지금까지도 별로 사이가 안 좋습니다. 아버지 어머니
는 이제 돌아가셨고요.

● **그러면 언제 무신론자가 되신 건가요?**

● 사실 제주도에 내려갈 때까지도 무신론자는 아니었죠. 자
유주의자였죠. 제주도에 내려가서도 처음 한두 달은 교회
를 다녔습니다. 감리교회에 출석했는데 어느 날 사도신경
을 고백하는데 그런 생각이 들어요. '사도신경 중에 내가
동의할 수 있는 부분이 도대체 몇 개나 되나?' 없더라고요.
그래서 그날 교회에 갔다가 집에 온 후 가족이 있는 앞에서
'이제 나는 교회 안 나간다.'라고 얘기했습니다. 아내와 아
이들에게는 '교회에 가든 안 가든 그건 각자 알아서 결정
해라. 강요하지 않는다.'라고 얘기했죠. 그랬는데 자연스럽
게 모두 발길을 끊었죠.

　　아마 내가 목사가 아니고 집사였다면 신을 믿지 않더라

도 교회를 다녔을 것 같아요. 내 인생이 거기 다 있고 내 친구들이 거기 다 있는데 쉽게 빠져나오지는 않았겠죠.

어쨌든 이런 과정을 거쳐서 무신론자가 되었어요. 무신론, atheism, ism이라는 접미어가 붙으니 무신론이 어떤 주장 혹은 신념 체계 이런 게 있는 것 같은데, 어떤 신념이나 주장이 있는 건 아닙니다. 신이 없다고 믿는 거죠. 신이 없다는 걸 증명할 수는 없죠. 입증할 책임은 신이 있다고 믿는 사람들이 해야 할 것이고 신이 있다는 걸 입증하지 못하면 그냥 없는 것이죠.

● 평생 목회만 하셨는데 생계는 어떻게 꾸려가셨나요?

● 먹고 사는 것이 문제였는데 돈은 없고 일할 곳도 없었어요. 감사하게도 교회에서 2천만 원을 주셨어요. 그리고 가지고 있는 돈 다 긁어모아서 천만 원. 3천만 원 그리고 은행에서 대출받아 제주도에 작은 농가 하나 사서 제주도로 갔습니다. 그냥 사람 만나기 싫었죠. 부모님이 계신 부산에 가봐야 어머니하고 계속 갈등만 생길 것 같고. 그렇게 제주도에 살았죠.

영어는 할 줄 아니까 조그만 공부방 하나 만들어서 영어 가르치면서 몇 년 살았습니다. 2011년 5월에 제주도에 갔죠. 살다 보니 제주도가 너무 답답하고 또 고향인 부산에 가고 싶었습니다. 부모님이 돌아가신 후라 부산에 가더라도 가족 간에 갈등할 필요는 없겠다 싶어서 부산에 왔고 그때부터는 조선소에서도 일하고 건설 현장에서도 일하고 음식 장사도 했다가 이제는 그냥 오토바이 라이더로 일하고 있습니다.

● **무신론자가 된 후 그것을 대체할 만한 신념 체계를 찾으셨나요?**

◉ 없습니다. 그리고 무신론이 무슨 신념 체계라고 생각하지 않아요. 가장 신뢰할 만한 것은 그래도 과학이라고 생각합니다.

● **현재 기독교는 본인에게 어떤 의미인가요? 기독교와 성경이 조금이라도 영향을 미치나요?**

◉ 탈북자가 남한에 정착하여 북한을 바라보는 느낌이라고 하면 될까요. 남한에 적응 못 해서 북한으로 되돌아가는 분들도 제법 있다고 들었습니다. 하여간 그런 느낌입니다. 도대체 어떻게 저러고 살았지? 어떻게 저렇게 믿고 살았지? 김일성이 솔방울로 수류탄을 만들고 가랑잎 타고 압록강을 건넜다고 찬양하는데 제가 볼 때는 기독교 신앙도 다르

지 않아요. 그걸 믿잖아요. 예수는 바다 위를 걸어 다니고. 오병이어로 오천 명을 먹이고 죽은 사람도 살리고 지체장애인도 일으키고. 그걸 다 믿으면서 살았죠. 북한사람들과 다르지 않은 것 같아요.

탈레반이 지배하는 세상이 행복한가요? 기독교가 지배하는 세상도 마찬가지라고 봅니다. 근본주의 기독교가 지배하는 세상. 거기에는 사상의 자유, 신념의 자유, 이런 게 있을까요?

그래도 이런 생각은 들어요. 내가 기독교 안에서 훈련받은 삶의 태도, 이런 것들이 지금의 나를 형성하는 데 도움이 되었을지도 모른다는 생각. 만약에 내가 교회에 안 다니고 세상을 막살았으면 또 어떻게 되었을지 모르겠다는 생각이 들긴 해요.

02

지금은 경계에
서 있습니다.

김지연은 30대 비혼 여성 목사이다. 모태 신앙인이며 외국에
서 공부하다가 귀국하여 신학을 공부했다. 목사 안수를 받고
교회사역을 하다가 지금은 쉬고 있다.

- **신앙생활을 시작했던 때부터 교회 사역을 할 때까지의 과정을 간단하게 말씀해 주세요.**

- 어린 시절에는 아버지가 군인이셔서 군 교회에 다녔어요. 중학교 시절부터 대학생 때까지는 보수적인 장로교회에 다녔고요. 거기서는 어른 예배만 다녔어요. 유학 가기 전에 직장 생활을 잠시 했었는데 거기 신우회가 있었어요. 주로 국책사업을 하는 곳이어서, 신우회 모임마다 사업들을 위해 구체적으로 기도했던 게 기억이 나요. 토건 사업이 주요 공약이었던 보수정권 시절이라 기도해야 할 내용이 많았거든요. 유학 생활은 7년 정도 했어요. 처음에는 한인교회에 다녔어요. 그런데 여러 가지 문제가 많더라고요. 그래서

현지 교회로 옮겼어요. 교회에 깊이 관여한 건 아니고 출석만 했었어요. 신앙적인 교류는 개인적으로 아는 분들과 했었어요. 가장 큰 도움은 학교 사람들에게서 받았어요. 학교가 공동체의 역할을 해줬던 것 같고요. 박사과정 수료하고 논문을 쓰다가 귀국했고요.

유학을 다녀와서 사역하기 전까지는 4년 정도 지역 교회에 다녔어요. 그 교회에 방문하신 교수님들을 통해 우연히 성서 언어를 배웠고 신학을 접했는데 그동안 내가 알던 기독교가 생각보다 논리적인 종교더라고요. 자연스럽게 신학에 관심이 생겼고 그걸 계기로 M.div.를 하게 되었죠. 신학교 3학년 때부터 교회 사역을 했어요.

● **사역하던 교회를 떠난 이유는 무엇인가요?**

● 목사안수는 학교 졸업한 후에 받았고 교회 사역은 총 4년을 했어요. 교회 분위기나 동료 교역자들과의 관계는 좋은 편이었어요. 교회에 이런저런 잡음도 있었고 교회가 추구하는 바가 저랑 맞지 않는 부분도 있었지만, 이것도 결정적인 이유는 아니었고요. 신대원 시절부터 고민했던 부분이 누적된 듯해요.

또 지역 교회의 불합리한 구조에 내가 적응을 하고 그 구조를 지지하면서 살아야 하는데 그걸 못하겠더라고요. 결혼 적령기가 지난 비혼 여성이자 목회자인 내 위치는 항상 어정쩡했고요.

큰 틀에서 몇 가지만 얘기하자면, 첫째는, 성경을 설교하고 가르치는 일이 힘들었어요. 항상 시간에 쫓겨 충분히 준비하지 못하고 매 주일을 맞았고요. 그래서 제가 하는 말에 자신감이 없었고, 위축됐어요. 이게 자꾸 반복되니 괴로워지기 시작했습니다. 기도도 하고 나름대로 성경도 계속 깊이 공부했지만 힘든 것은 나아지지 않았어요. 신학을 처음 접했을 때는 공부하는 것이 재미있고 그래서 사역의 자리까지 간 것인데, 이제는 집중해서 공부하기가 어렵고 점점 괴로워졌어요. 토요일 밤은 주일 준비와 불안한 마음에 거의 뜬 눈으로 보낸 듯해요. 잘 알지 못하는 내용을 확신하면서 누군가를 가르쳐야 한다는 것, 그리고 듣는 사람이 내 말에 너무 큰 권위를 주고 내 말에 의지한다는 것이 큰 부담이었어요. 게다가 코로나19 여파로 모든 예배와 모임을 생중계하거나 녹화해서 배포하니 그 무게가 더 무겁더라고요. 결국 이를 잘 극복하지 못했죠.

둘째는, 사람을 직접 대하는 것이 버거웠어요. 부교역자의 업무 중 사람을 만나거나 통화하는 일은 매우 중요해요.

그런데 저는 심방을 하고 나면 너무 지쳤어요. 영혼이 탈탈 털리는 기분이었어요. 물론 교우들을 만나 삶을 나누는 것은 굉장히 멋진 일이고 수다도 좋아하지만, 심방은 관계나 내용이 친구들과의 대화와 많이 다르잖아요. 특히 잘 모르는 교우나 나이 차이가 크게 나는 교우를 만나 마음을 여는 게 솔직히 어려웠어요. 그런데 교회 안에는 심방과 교제를 아주 잘하고 즐거워하는 동료 교역자들이 많더라고요. 그들을 보면서 '아, 목회는 저런 분들이 하셔야 하는구나!'라는 생각이 들더군요. 몸에 딱 맞는 옷을 입은 듯이 목회를 해내는 사람들을 보면서 성경을 가르치고 사람을 돌보는 일에도 재능과 타고난 소질이 필요하다고 느꼈어요.

마지막으로, 교회 안 문화와 언어가 불편했어요. 문화와 언어를 형성하는 토대는 그 공동체가 공유한 가치라고 생각해요. 친절하게 말하고 예의를 갖춰 행동해도 자꾸만 눈에 띄는 장면들이 불편했어요. 예를 들면 여성만 식당 봉사를 하는 건 성별에 따라 역할이 고정되는 거잖아요. 자연스럽게 아이들에게 그런 여성상이 학습되기도 하고요. 또 청년, 청소년 교육이 결국에는 결혼과 출산을 하고 정상 가족을 이루는 쪽으로 귀결되는 것도 이상하더라고요. 교회 안에는 비혼자들도 많은데 그분들은 교회가 정한 정상 범주에서 변두리로 밀려나는 거죠. 또 여성 교역자는 교회학교만 담당하는 것, 비장애인 중심의 행사와 프로그램도 불편했고요.

또 담임목사의 설교가 유일한 성경해석이고 그 말이 반드시 지켜야 할 교리로 변질되는 것도 점점 불편해졌어요. 교회 역사 안에는 다양한 성경해석과 여러 전통이 있는데 그런 걸 깡그리 무시하고 우리 교회 담임 목사를 신격화하고 그 사람의 주장이 유일한 것처럼 얘기하는 구조, 제 속에서 자꾸만 불편하고 받아들이기 힘든 지점들이 생기는데 그것을 교우에게 강요해야 하는 제 위치도 싫었고요. 내가 목사인데 교인들에게 "여러분, 내 말이 전부 옳다고 믿지 마세요."라고 할 수는 없잖아요.

이 모든 이유를 갖고 '과연 나는 교회 안 목회자로 살 수 있을까?'라는 근본적인 질문을 저 스스로 던졌어요. 아직 고민 중이고요. 현재의 대답은 '신학 하기'(doing theology)가 반드시 교회 안 목회자로 산다는 것을 의미하지 않는다는 거예요. 오히려 신학을 공부했으니 사회에서 책임감 있는 신앙인, 성경의 내용대로 정의와 평화를 목적 삼는 사회구성원으로 사는 것도 괜찮다 정도의 결론을 내렸어요. 그래서 홀가분하게 사임했습니다.

● **결이 맞는 교회를 찾아 사역하는 것도 하나의 방법일 텐데 그렇게 하지 않은 이유는 무엇인가요?**

● 앞서 대답했듯, 앞으로 쭉 목회자로 살 것인지 결정하지 못했기 때문이죠. 성 불평등이 없고 소수자를 배려하는 교회라도 교우로서 출석하는 것과 교역자로서 교우들을 섬기는 것은 다르니까요. 사람들 앞에 서는 부담과 두려움이 완전히 사라지지는 않겠지만, 저 스스로 목회자로 살겠다는 굳은 다짐이 있다면 극복할 수 있지 않을까 싶어요. 그런데 근본적으로 교회 안 목사로 살고 싶은지 아직 잘 모르겠어요. 아무리 마음 맞는 동료 교역자, 교우, 환경을 만나더라도 목사라는 소명을 확신하지 못한다면 감당하기 어려울 것 같아요. 비단 교회 안 목회자만이 아니라 어떤 직업이든 마찬가지라고 생각해요. 그 직업이 지향하는 궁극적 가치를 온전히 이해하고 받아들인다면 어떤 상황도 여유 있게 맞닥뜨릴 수 있을 것 같아요. 고생스러워도 감사와 보람을 느낄 수 있을 것 같고요.

현실적으로 여성은 주일학교 파트, 준 전임 이상의 전임 사역지를 구하기가 어려워요. 저보다 오래 공부하고 사역하신 여성 전도사님들에게 여쭤본 적이 있어요. 왜 목사 안수 안 받으시냐고요. 그랬더니 두 가지 조언을 해주시더라고요. 하나는 여성이 목사 안수를 받으면 직장 구하기가 어렵다는 거예요. 전도사로 있어야 나이를 먹어도 사역의 기회가 많다고 하시더라고요. 또 하나는 목사 안수를 받으면 결혼을 하기 어렵다고 하시더군요. 이게 무슨 말이냐 하면 여성 사역자는 남자 목사와 결혼하는 경우가 많은데 여성 사역자가 목사 안수를 받거나 Th.M., Ph.D. 학위가 있으면 결혼하기 어렵다는 거예요. 여성이 남성 사역자와 대등하거나 지적으로 우월한 걸 부담스러워하는 게 아닌가 싶어요.

  또 다른 이유는, 그냥 쉬고 싶었어요. 저는 주말에는 파트타임 사역을 하고 주중에는 교회 밖의 다른 일을 하는 이중직 목회자였어요. 그래서 심신이 많이 지쳤고요. 목회는 요일별 업무를 칼같이 나누기 어려워요. 설교나 성경 공부 준비 외에도 장례나 결혼식, 심방, 교회 행사 등으로 주말만 일할 수 없어요. 반대로 주중 업무도 일이 많아지면 주말 퇴근 후에 해야 하는 상황이 종종 생겼고요. 그러다 보니 제대로 쉬지 못하고 계속 일을 해야 했어요. 나중에는 제가 일을 끌고 간다기보다 어느 쪽 일이든 끌려간다는 느낌이 강해졌어요. 그래서 다음 사역지를 둘러보고 고민할 시간과 마음의 여유가 없었죠.

● **사역자가 아니더라도 신자로서 지역 교회 공동체에 속하고 싶다
는 생각은 들지 않으세요?**

● 우선, 사임할 당시 공동체나 모임 자체에 피로도가 매우 높
았어요. 좋든 나쁘든 교회 안에서 겪은 많은 일과 다양한
소리가 다 소화되지 않았어요. 그냥 정신이 찌든 상태랄까
요. 누구도 만나지 않고 조용히 있고 싶었어요. 입을 벌려
말하는 것 자체가 귀찮고 싫었어요. 머릿속을 털어내고 싶
은 기분이었어요. 사임과 동시에 교회 공동체만이 아니라
모든 만남을 멈췄어요. 책 읽기나 스터디 모임, 친구들과
가벼운 만남도 취소했어요. 두 달 정도는 주일 예배도 드리
지 않았어요. 알람도 다 끄고 커튼도 두껍게 친 후 늦게까
지 잤어요. 혼자 있고 아무 말도 하지 않는 게 참 좋았어요.
충분히 쉬고 나니 주일 예배를 드리고 싶어져서 지금은 이
전 사역했던 교회의 영상으로 주일 예배에 참여해요. 가끔
유명한 목사님이나 교수님의 강의나 설교를 듣기도 해요.
헌금은 기독교 단체와 도움이 필요한 곳에 후원금을 보내
는 것으로 대신합니다. 하지만 아직 교회를 정해서 출석하
고 있지는 않아요.

간혹 '이게 신앙생활이 맞나?' 싶기도 하지만, 다행히 적
정거리를 두면서 하는 일을 서로 지지하고 신앙의 여정을

응원하는 친구들과 소모임이 있어요. 모두 다른 교회를 다니고요. 일부는 가정에서 식구들끼리 예배드리고 저처럼 혼자 영상으로 주일을 챙기는 사람도 있어요. 교회 모임처럼 정기적으로 만나 정해진 성경 공부를 하거나 같은 행사에 참여하지는 않지만, 저는 이들과의 작은 수다에서 힘과 위로를 받고 신앙의 도전도 받아요. 결국 교회 밖의 이런 만남 모두 신앙 안에서 좋은 그리스도인으로 살기 위한 다독임인 것 같아요. 부족한 지식은 좋은 책을 읽는 것으로 대신합니다. 신학 공부와 사역의 경험 덕분에 내가 어느 노선에 맞닿아 있는지 어느 성향의 글과 주제에 관심 있는지 정도는 파악할 수 있어요. 사실 대다수 사람도 조금만 시간을 들이고 관심을 둔다면 충분히 알 수 있어요. 그 정도로 기독교와 신학, 사상 분야에 좋은 책이 많이 저술됐고 번역돼 있으니까요.

한 목사님의 설교만 듣고 그 가르침을 받는 사람들끼리 신앙공동체를 이룬 것은 아니지만, 지금 저는 지역 교회 공동체에서 누리는 것만큼 교제와 양육을 공급받는다고 생각해요. 그래서 급히 지역 교회를 정해 다닐 마음이 없어요. 현재는 특정 공동체의 구성원이 되는 것보다, 평범하게 내 삶을 잘 꾸리고 주변과 잘 어우러져 사는 것에 관심이 더 큽니다.

● 지역 교회가 필요하다고 생각하시나요?

● 이제 막 신앙에 눈을 떠서 기초 교육이 필요하고 습관을 형
성해야 하는데 마땅한 경로가 없는 사람, 신앙을 챙길 친구
나 멘토를 사귀고 싶은 사람, 세례나 입교를 받아야 하거나
그 외 성례에 참여해야 하는 사람, 자녀를 위한 교회 교육
기관이 필요한 사람들은 지역 교회에 출석해야겠지요. 그
렇지 않더라도 건강한 지역 교회 안에서 담임목사님을 존
중하고 교우들과 관계 맺는 것을 신앙의 우선순위로 여기
는 분도 지역 교회가 필요할 겁니다. 또 지역 교회가 제공
하는 통일성 있는 예배, 정기적인 성경 공부와 행사, 공동
체가 주는 유익은 분명 크다고 봐요. 결혼식이나 장례식 같
은 일도 출석하는 지역 교회의 도움을 받을 수 있다고 생각
해요. 그래서 나와 잘 맞는 교회와 목회자를 만났고, 정기
적인 참석에 불만 및 불편이 없다면 내가 출석할 지역 교회
가 있다는 것은 참 좋은 일이라고 생각합니다.

그런데 여러 이유로 특정 교회에 출석하기 어려운 사람
도 있어요. 생계, 학업, 가정, 건강의 이유일 수도 있고, 저
처럼 그냥 쉬고 싶은 사람도 있겠죠. 이런 사람도 자신을

그리스도인이라고 정의하고, 세상에서 빛과 소금 같은 좋은 사람으로 살고 싶으며, 성경의 여러 가치에 동의합니다. 원한다면 가정교회나 기독교 단체의 소모임 같은 것으로 지역 교회의 역할을 대신 할 수 있고, 마땅한 소모임이 없더라도 혼자 신앙을 챙길 수 있다고 생각해요. 그리스도를 믿는 이의 공동체라는 더 넓은 의미에서 볼 때 교회의 존재 이유와 방식은 정말 다양합니다. 결국 지역 교회 출석이 신앙생활과 등치관계는 아니라고 생각해요.

따라서 지역 교회의 필요성은 잘 모르겠어요. 사람마다 다르지 않을까 싶어요. 그 사람이 지금 인생에서 어느 시점을 지나고 있느냐에 따라서 다를 것 같습니다.

- **스스로 그리스도교인으로서의 소속감 또는 정체성은 어디서, 어떻게 찾으시나요?**

- 지역 교회 공동체의 한 구성원으로서 갖는 소속감과 보편적 교회 및 기독교 역사에 속한다는 소속감은 다르다고 생각해요. 지역 교회의 부흥과 성장의 동력원으로서 정체성과 세상 속 그리스도인으로서 정체성도 다르다고 생각해요. 물론 전자가 후자에 포함될 수는 있겠지만 분명 차이가 있습니다. 출석하는 교회에 큰 불만과 불편이 없으면서도,

직장이나 학교생활, 사회의 여러 이슈에서 가치 갈등을 겪는 경우가 바로 이런 차이 때문이지 않을까 싶어요. 또 지역 교회에 속해도 사소한 갈등이 불거지면 금세 불안해지고 큰 다툼으로 번지는 이유 역시 맞닿아 있는 듯하고요.

지역 교회에 출석 여부와 상관없이 세상을 사는 그리스도인의 소속감과 정체성은 끊임없이 긴장과 갈등상태에 놓입니다. 심지어 그 교회 안에서도 이런 문제를 맞닥뜨리죠. 이를테면, 저는 교역자로 교회에 있었지만, 여기가 내 교회인지, 저 사람들은 내 형제자매인지 간혹 의심이 들었어요. 일을 해야 하니까 이 교회에 붙어있는 것인지, 정말 여기 소속됐는지 저 스스로 불분명할 때가 있었어요. 교우 입장에서는 더 자주 그럴 것 같습니다. 게다가 불편한 사람이 생기면 이루 말할 수 없지요. 그런데 저는 이게 잘못됐다기보다 자연스럽고 당연한 것 같아요. 어떤 공동체든 절대 흔들림 없는 소속감을 주지 못합니다. 심지어 혈연과 사랑으로 뭉친 가족도 말이죠.

특정 종교인의 시각으로 세상을 바라볼 때 겪는 가치 갈등, 내 세계가 깨지고 확장되는 경험을 위해 소속감 또는 정체성이 필요하다고 생각해요. 그리고 이것이 성경과 기독교 전통에 기반한 그리스도인의 소속감과 정체성이라고 생각하고요. 소속감과 정체성은 정신줄을 붙잡게 해주고 끝내 회귀할 어떤 지점 역할을 합니다. 그렇다면 이는 막연할 수밖에 없어요. 이를 확인하고 고양하는 작업은 지역 교회 안에 속해 있다면 훨씬 편하고 간단하겠지만, 교회 밖의 다양한 경로를 통해서도 충분하고 깊게, 그리고 안전하게 시도할 수 있다고 생각해요.

그래서 저는 교회가 교우들을 교회 건물 안에 묶어두거나 교회 사람들만 만나게 하고, 성경 지식을 텍스트로 읽히면서 목사의 목소리를 들려주는 데 만족할 게 아니라, 궁극적으로 세상을 사는 자세를 심어줘야 한다고 생각해요. 교우의 교회 생활이 반복될 때 그리스도인으로서 소속감 및 정체성은 지역 교회로 함몰될 수 있어요. 오히려 지역 교회가 이를 밖으로 끄집어내는 역할을 해야 합니다. 반면 교우는 작고 사소한 일상의 경험, 매일 반복적으로 마주하는 사람들 속에서 창조 세계를 느끼고 그리스도의 얼굴을 보는 연습을 해야 합니다. 거창한 기도회나 말씀 사경회가 아니어도, 온종일 성경 한 구절 읽지 못하고 찬송을 부르지 못해도 성령과 걷고 있다는 인식을 의도적으로 해야 하지 않을까요. 이런 의미에서, 현재 제가 이해한 지역 교회는 이 방법을 조금 더 구체적으로 알려주고 이런 작업을 세상에서 시도해보기 전에 먼저 시행착오를 겪는 집단 정도라고 생각해요.

저는 개를 한 마리 키우는데 그 개와 자주 산행하러 가요. 주로 사람이 다니지 않는 길이어서 목줄을 풀어줘요. 그러면 개가 혼자서 막 뛰어가다가 갑자기 멈추고 뒤돌아 저를 본 후 다시 뛰어갑니다. 그 순간 저는 개가 저를 돌보고 챙긴다는 느낌을 받아요. 말을 주고받는 건 아니지만 우리가 한 피조물이며 우리를 동일한 섭리로 만든 그 누군가가 있기 때문에 소통한다는 감동이 생겨요. 이런 연습부터 한다면, 꼭 지역 교회가 아니어도 그리스도인으로서 소속감과 정체성을 가질 수 있다고 생각해요.

● **지역 교회의 소속 여부보다는 세상에서 어떤 그리스도인으로 사느냐에 관심이 많으신 거군요?**

● 네. 예전에는 하나님을 믿는다거나 구원을 받았다는 인식이 중요했어요. 내가 천국에 갈 것이라는 희망이 신앙의 집중을 좌우했고 거기서 만족을 얻기도 했고요. 그때는 반드시 하나님이 있어야 했습니다. 하나님이 없으면 그냥 다 부질없어지니까, 그리스도인으로서 어떻게 살아야 할지보다 하나님 존재의 확실성이 더 중요했어요. 그런데 세상에

서 좋은 그리스도인으로 살고 싶다는 열망이 점점 더 커졌어요. 그런 고정된 인식보다 내 양심과 그에 따른 말과 행동에 더 주의를 기울이게 됐어요. 여전히 지금도 믿음과 구원, 천국 같은 인식은 중요해요. 그런데 그런 개념, 성경에서 강조하는 가치를 구체적으로 눈에 보이게 확인하고 내 삶에서 드러내고 싶어요. 과거에 하나님의 확실성이 중요했다면, 지금은 그 존재 여부보다 이런 가치를 드러내는 게 우선순위이고, 제가 삶에서 씨름하는 부분입니다. 하나님의 존재에만 목맬 때 굳이 나를 깎아내리면서까지 누군가를 용서하거나 조건 없이 편들지 못했어요. 그런데 어떻게 살지, 나는 어떤 인간이 되고 싶은지 더 고민하면서 절대 용서할 수 없을 것 같은 사람을 수용하거나 내 불편을 감수하고 손해 보면서도 누군가를 편들 수 있게 됐어요.

사실 과거의 하나님 인식이 잘못됐고 신앙을 매우 협소하게 받아들인 것이고, 현재가 그 인식이 조금씩 바뀌고 바른 이해를 하는 과정이라고 생각해요.

기독교가 가르치는 윤리관은 전적으로 눈에 보이지 않는 세계를 인정할 때 가능하다고 봐요. 돈을 비롯한 물질로 매길 수 없는 높은 가치를 인식하고 추구해야 기독교적 인간이 될 수 있어요. 그리고 이런 가치관들이 조화를 이룰 때,

세상에 정의로운 평화가 깃들고 인간 사이의 조건 없는 공평이 가능해진다고 생각해요. 그런데 이런 인간이 되고 싶은 욕망, 눈에 보이는 물질 너머의 세계를 느끼고 파악하는 능력, 모두의 조화를 추구하는 목적의식은 반드시 그리스도교인이어야만 가질 수 있는 것이 아닌 것 같아요. 이를테면, 특정 종교를 갖지 않아도 회복적 정의, 미래 세대를 위한 생태계의 회복을 주장하거든요. 이런 현상을 볼 때 인간이 종교적이라는 느낌을 받아요.

● **인간이 종교적이라는 말씀을 좀 더 부연해 주신다면요?**

◦ 두 가지 의미입니다. 저처럼 신의 존재를 믿고 알기에, 신에게 함몰되기보다 내가 속한 종교의 가치를 구현하며 사는 것입니다. 다른 하나는, 인간은 종교적이기 때문에, 즉 눈에 보이는 세계 너머를 추구할 줄 알고 더 좋은 가치에 초점을 맞출 능력이 있으므로 특정 종교를 고수하기보다 그 자체로 좋은 인간으로 살길 바라는 것입니다. 그런데 이런 삶도 궁극적으로 어느 순간에는 종교적 조우가 있지 않을까 싶어요.

● **앞으로 어떤 형태이든 그리스도교 공동체에 속하고 싶은 계획은**

전혀 없으신 건가요?

● 앞서 말했듯이 기독교 단체에서 하는 책 모임이나 세미나 등에 참여해요. 기간제이긴 하지만 그 안에서 공동체를 누리고요. 신앙을 매개로 가끔 만나는 사람들도 있고요. 그들과 가능한 진솔한 대화를 하려고 합니다. 가족도 있습니다. 내 솔직한 마음을 나누고 서로를 위해 기도합니다. 아직 이 정도로 저는 괜찮습니다. 흔히 규칙적인 예배와 모임, 습관, 공동체 구성원 간의 동일한 정신과 말씀을 공유해야 한다는 이유로 지역 교회를 강조합니다. 그런데 아직 저는 특정 교회 안에 속할 만큼 마음과 몸이 충분히 회복되지 않았어요. 향후 제 상태에 따라 바뀔 수 있겠지만, 지금은 특별한 계획이 없습니다.

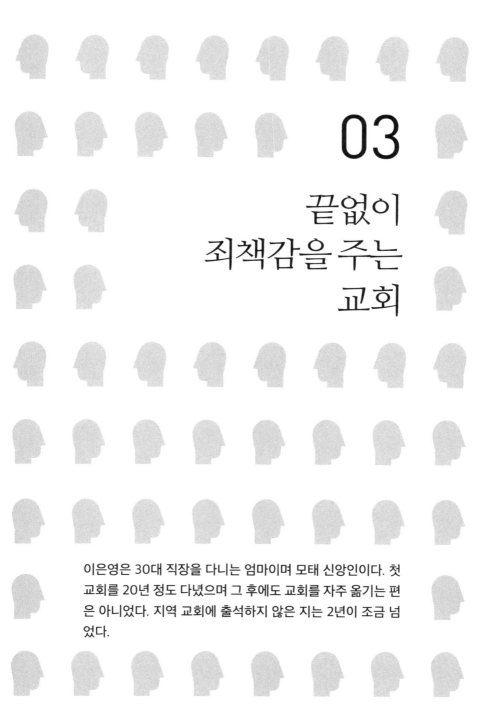

03

끝없이
죄책감을 주는
교회

이은영은 30대 직장을 다니는 엄마이며 모태 신앙인이다. 첫 교회를 20년 정도 다녔으며 그 후에도 교회를 자주 옮기는 편은 아니었다. 지역 교회에 출석하지 않은 지는 2년이 조금 넘었다.

● **본인의 신앙 여정을 간단하게 소개해 주세요.**

● 모태 신앙인으로 평생 교회를 다녔지만 신앙 이력이랄 것
이 없어요. 부모님 따라 처음 간 교회를 거의 20년 가까이
다녔고요. 그 교회가 분열되는 사건을 겪으면서 갈라져 나
온 교회에 잠시 다녔어요. 결혼하면서 남편 따라 교회를 옮
겼고요. 그 후에 교회를 두 번 정도 옮긴 것 같아요. 지방에
서는 큰 규모로 분류되는 교회를 주로 다녔어요. 선교단체
에 속하거나 특별한 신앙 훈련을 받은 적은 없고요.

● **언제부터 지역 교회에 회의를 느끼기 시작했나요?**

● 교회라는 집단에 회의를 느끼기 시작한 시기와 기독교라

는 종교 자체에 회의를 느끼기 시작한 시점이 달라요. 교회 공동체에 마음이 떠난 것은 14년 전쯤이었던 것 같아요. 모 교회의 분열 사태를 겪으면서부터요. 제일 처음 들었던 의문은 "왜 이런 일이 벌어지지?"였어요.

- **이런 일이라면?**

○ 반목하고 고성을 내고 싸우는 일이요. "왜 하나님을 사랑하는 사람들이, 하나님이 사랑하시는 사람들이 모여있는 교회에서 왜?"라는 생각을 거듭해 보니 '여기도 사람이 모이는 곳이어서 그렇구나' 하는 답이 나오더라고요.

내가 기억하던 순간부터 교회라는 곳은 주일 아침에 일어나면 씻고 준비해서 가는 곳, 어린이들도 오전예배를 드리고 언니, 동생들이랑 놀다가 오후예배까지 드린 후에 어른들 예배가 마치기를 기다리는, 정말 온종일 사는 곳이었어요.

우리는 항상 예수님을 사랑하고 기쁘게 해야 하는 존재, 예수님이 우리를 대신해서 돌아가셨기 때문에 죄책감을 가지는 존재, 그리고 모든 세상을 하나님이 다스리시기 때문에 우리가 하나님을 잘 사랑하고 잘 믿기만 하면 우리는 언제나 보호받는 존재라고 생각해왔고 그 믿음은 내 인생에서 깨지지 않고 견고하게 자리 잡았어요.

그런데 교회에서 사람들이 서로 소리 지르고 싸우는 모습을 보면서 "하나님은 지금 어디에 계시지? 이 사람들은 무엇 때문에 소리를 지르지? 그럼 교회가 추구하는 가치는 뭐지?" 하는 생각이 들더라고요.

이때부터 교회는 더 이상 믿음의 공동체가 아니었어요. 신앙에도 회의가 들기 시작했어요.

내가 속한 공동체와 함께 신앙생활을 해왔는데, 그게 견고하게 가는 줄 알았는데 아니었던 거죠. 나는 집단의 신앙이 내 신앙이라고 착각했던 것 같아요. 태어나면서부터 의심 없이 살아온 그저 신앙생활의 루틴이었을지도요. 내 신앙의 뿌리가 얕아서 그랬을 수도 있고 분열 사태로 충격을 많이 받았기 때문일 수도 있죠. 하나님은 신실한 분이지만 믿는 사람들은 신실하지 않을 수 있다는 것을 객관적으로 바라보게 되었거든요. 그렇다면 내가 이 사람들과 함께해야 하는가 하는 생각이 들었어요. 나 혼자 나름대로 신앙을 지키는 것도 방법인데 그러기에는 내 주변이 교회를 중심으로 너무 촘촘히 짜여 있는 거예요. 그러면서 겉돌기 시작한 것 같아요.

또, 여러 사건을 겪으면서 하나님은 존재하지만 우리 현실에는 상관하지 않는 것 같다는 생각이 들다가, 이제는 더 나아가서 종교란 인간들이 만들어낸 맹목적인 허상, 허구일 수도 있겠다는 생각까지 들어요. 최근에는 신의 존재 여부는 사람이 알 수 없다는 생각이 들기도 해요.

● **그러면 시간을 조금 거슬러 올라가서 신앙심이 크게 고양된 시기나 경험 같은 것이 있나요?**

◦ 아무래도 삶이 힘들 때 하나님을 찾게 되고 신앙도 강해졌던 것 같아요. 첫사랑이랑 헤어졌을 때, 국가고시 앞두고 하나님을 찾았던 것 같아요. 시험에 붙게 해달라는 게 아니라 내가 지은 죄가 많아서 모든 게 안될 것 같은 죄책감이 나를 짓누르고 있었거든요. 그때 교회에서 한 3시간을 울면서 기도한 적이 있는데, 그때 하나님이 나를 기다리고 있었다는 생각이 들더라고요. 그리고 아이 낳기 전에도 하나님을 찾았던 것 같아요. 그런데 이게 "하나님, 나를 도와주세요."라는 느낌보다는 내 죄로 인해서 모든 것이 잘못될까 봐 걱정하는 죄책감이 나를 하나님 앞으로 나가게 했던 것 같아요. 결혼생활 중 가정폭력을 겪으면서 다시 하나님께 간절히 매달렸지만 상황은 점점 더 나빠졌고, 이후로는 더는 하나님을 찾게 되지 않았던 것 같아요.

● **결국 건물 중심으로 모이는 교회 공동체를 떠나게 된 이유는 무엇이었나요?**

○ 코로나19가 좋은 계기와 방패가 되었던 것 같아요. 아버지는 장로님, 어머니는 권사님, 온 가족이 교회를 다니는 구조 속에서 제가 교회를 빠져나오기는 거의 불가능한 구조였는데, 코로나19 덕분에 교회를 안 나가면서 자연스럽게 교회에서 빠져나올 수 있었어요. 하지만 교회 출석 문제로 가족들과 종종 불화를 겪어요.

● **교회를 결정적으로 떠나게 된 계기가 코로나19였다면, 그 전에 교회에서 마음이 떠난 이유는 뭘까요?**

○ 여러 가지 부정적인 경험이 쌓이니까 기회만 있으면 나가고 싶다는 생각을 했어요.

　큰 사건들만 꼽아보면 우선 다니던 교회의 분열 사건이 시작이었어요. 하나님을 사랑한다는 사람들이 교회에서 서로 행패 부리며 싸우는 걸 보면서요.

　중학생 때 수련회에서 순결서약서를 쓴 적이 있어요. 보통 신발을 벗고 좌식으로 많이 진행했었으니까 저를 포함해서 참가한 학생들이 모두 바닥에 엎드려 경건하게 작성하는 꼴이 되었는데, 그게 가끔 생각이 나요. 수십 명 중에서 혼자 서명 안 하면 이상한 애가 되는 거예요. 순결 서약이라는 게 하나님이 주신 몸을 함부로 다루어서는 안 되고 결혼할 때까지 순결하게 지키겠다는 건데, 만약 서약을 어기면 아주 큰 일이 나는 것처럼 받아들여졌어요. 수련회 중에 이루어지는 한 프로그램으로 혼전순결에 관해 깊이 생각할 시간을 주거나 개인의 의사를 보장하며 물어오는 일도 없이 단체로 적게 하는 거죠. 물론 그 서약 때문에 어느 정도 자제할 수는 있었지만 그 원동력이 죄책감이었다는 것에서 너무 분노가 생겨요. 단지 구구절절이 적힌 글의 마지막에 내 이름을 적은 것뿐인데 그게 평생토록 족쇄가 되더라고요.

교회에서 남성들에게 성희롱과 성추행을 당한 적이 많아요. 초등학생 때 교회 오빠를 좋아했는데 그 오빠에게 성추행을 당했어요. 그것도 여러 번…. 교회에서는 엄청 신실한 오빠였고 나중에 신학교도 가고 전도사, 목사가 되더라고요. 또, 학부 때 사귀었던 사람은 교제하는 동안 무척 강압적이었고 심지어 폭력도 행사했어요. 재미있는 건 기독교 연합 동아리 회장이자 큰 교회 청년부 회장을 맡을 정도로 밖에서는 너무 신실한 거예요. 그리고 지금도 이름만 대면 알 수 있는 전국 규모의 신앙인 단체에서 주요 요직을 맡고 있어요. 순결 서약은 여자만 죄책감을 느끼는 건가 봐요.

모교회가 형편 좋은 곳에 있는 게 아니어서 학력이 상당히 낮은 또래들이 많았는데, 그런 사람들 다수가 신학 대학에 진학하는 걸 보면서도 아이러니했어요.

그리고 불과 몇 년 전에는 목사에게 성희롱을 당했어요. 예배 준비 중인 강단 아래에서 "나는 너의 남편이 되고 싶다"는 등 영어로 성적인 은어를 사용하면서 저를 희롱하다가 강단에만 올라가면 돌변하는 게 역시 아이러니했어요. "동성애자들은 다 죽어야 한다. 잘 죽었다", "지구의 나이는 6,000년이니 학교에서 배우는 지식을 믿지 마라", "코로나19 백신은 정부의 음모", "철저하게 복음 위에 서야 한다"는 등 근본주의 신학을 설파하는 사람이었거든요. 한번은 "하나님 똑바로 안 믿으면 이렇게 맞아야 한다"며 허리띠를 풀어서 강대상을 폭력적으로 내려치기도 했어요. 아이들도 있는데 정말 충격적이었죠. 그건 신학적으로나 교육적으로나 잘못된 거니까요. 그러면서 따로 만날 때는 손잡고 포옹하려고 하고…. 물론 한 명의 인간으로는 '원래 저런 사람'하고 이해하고 잘 지냈지만, 목회자이자 영적 지도자로서는 완전히 낙제인 사람이었어요. 그런데 그 사람의 카리스마에 압도돼서 따르는 사람이 많은 걸 보면서 씁

쓸했어요. 믿는 사람들 중에 깨어있는 사람이 드문 게 안타까워요.

구조적으로는, 어릴 때부터 교회에서 배우기로 예수님은 기득권에 대항해서 우리를 대변해 주시고 행동하는 분이었는데, 그런 예수님을 따른다고 하는 교회는 전혀 그렇지 않더라고요. 예를 들어 선거철에 누가 오면 예배 중에 인사를 시키고 장로님이 "L 장로가 대통령이 되어야 한다"고 옹호한다든지 설교 시간에 빨갱이를 몰아내야 한다고 한다든지 그런 거 말이죠. 믿는 사람들은 반기득권 입장에 서야 하지 않나요? 교회가 봉사하고 선교비도 내고 좋은 일도 하지만 제일 중요한 정치에 있어서는 왜 기득권의 이익을 추구하는 행동을 하는지⋯. 그런 게 교회에서 마음이 떠나는 데 큰 영향을 줬어요.

● **교회를 떠나기 전 자신과 맞는 신앙공동체를 찾아본 적이 있나요?**

● 없었어요.

● **혹시 이유가 있나요?**

● 모 교회를 다닐 때는 같이 자란 사람들이고 서로 속속들

이 잘 아는 언니, 오빠들이라서 그래도 공동체에 마음을 열고 중보기도 요청도 했었어요. 그런데 다른 지역 대학을 가고 교회가 바뀌면서 그게 잘 안되더라고요. 각자 생활하다가 일주일 만에 교회에 와서 나를 잘 모르는 사람들 앞에서 나를 오픈한다는 게 어렵더라고요. 결정적으로는 결혼하면서 갑자기 신분상 어른이 되어 버린 거예요. 이제 주일학교 학생이나 청년부가 아닌 거죠. 어른들 모임, 구역모임에 속해버린 거죠. 그런데 아시다시피 나이 드신 집사님들이랑 마음을 터놓고 개인적인 대화를 하기는 어렵잖아요. 구역 내 나이도 너무 다양하고 직업과 상황이 다른 분들이 일주일에 한 번, 한 달에 한 번 만나서 무슨 얘기를 하겠어요. 게다가 남편 따라 옮긴 교회니까 남편이랑 문제가 있어도 더더욱 그런 걸 털어놓기는 어려웠어요. 나 혼자만의 문제가 아니니까. 그때부터 교회에 가면 내가 맡은 일만 하고 밥 먹고 집에 오는 생활이 시작된 거 같아요. 아마도 이런 변화를 겪고 나니 나랑 맞는 신앙공동체를 찾겠다는 생각이 들지 않았던 것 같아요.

● **이런 과정을 거치는 동안 신앙에 어떤 변화가 있었나요?**

◉ 예배당에서 드리는 예배에 회의가 들었어요. 믿는다는 사

람들에 대한 회의가 들었고요. 예를 들면 최근에는 코로나 19 시국인데 굳이 예배당에 모여야 하느냔 말이에요. 예배당은 건물일 뿐이고 성도들의 모임이 교회인데 지금은 우리가 모이지 않음으로써 이 코로나19 상황을 이겨내야 하지 않느냐는 거죠. 사회에서 모범이 되어야 할 교회가, 예수님의 자녀라는 사람들이 마치 방역지침을 신앙 탄압처럼 여기고 교회가 전염의 근원지라고 사회적으로 비난을 받는데도 꿋꿋하게 교회에 출석해서 예배드리는 사람을 대단한 신앙인처럼 간주하는 게 이해되지 '않았어요. 이후에 거리두기나 소독 등 교회가 어느 정도 방역체계를 갖춘 뒤부터는 교회에 모이는 사람들이 이해되었지만 코로나19 초기에는 특히 무리하게 교회에 가야 한다는 사람들이 많았죠. 이미 거기에서부터 반감이 심해졌어요. 사회적으로 모범이 되어야 할 교회가 전혀 모범이 되지 않고 오히려 옳은 말을 하는 사람들을 정죄하고 나섰으니까요.

　동성애나 차별금지법에 대한 인식도 저는 오히려 교회 때문에 더 너그러워졌어요. 교도소의 범죄자들, 특히 여러 명을 살인한 범죄자들에게도 전도해서 하나님의 자녀가 되고 목회자가 되었다고 방송에 나오는 마당에 동성애자들이 사회적으로 무슨 범죄를 저지른 것도 아닌데 배타적으로 힐난하고 차별금지법을 확대해석해서 제정 반대 서명까지 받는지…. 이거 말고도 교회와 목회자들, 믿는 사람들에게 따지고 싶은 건 너무 많죠.

개인적으로는 끊임없이 죄책감을 주는 교회로부터 자유로워지고 싶었어요. 자존감을 회복하고 싶었고요. 흔히 우리는 하나님을 예배하고 찬양하기 위해 지어졌다고 얘기하잖아요. 그건 이해가 돼요. 근데 그걸 하지 않는 건 직무유기니까 그에 응당한 벌을 받는 게 당연하다는 건 받아들이기 어려웠어요.

예배에서도, 목사님 말씀에서도, 수련회 같은 데서도 회개하라고 하고 천국이 임할 때 어느 쪽에 서 있을 수 있겠냐 하고…. 나는 사랑받기 위해서 태어난 사람인데 늘 혼나는 기분이었어요. 내가 엄마가 되어보니 내 아이가 그저 행복하기만을 바라게 되던데 우리의 아버지 되신다는 하나님을 심판자로만 엮는 것이 이상했어요. 그런데 이것도 나이가 들어서 느끼게 된 것이지, 20대 초반까지만 해도 몰랐어요. 아마 교회 공동체에서 좀 떨어져서 객관적으로 볼 수 있는 사건이 없었다면 저도 여느 모태 신앙인처럼 각성 없이 교회에서 열심히 일하고 있겠죠.

교회에서 듣고 배운 하나님에 대한 이미지는 제 행동과

생각을 죄책감으로 제약하게 했어요. 내가 잘못해도 사랑하신다는 하나님을 느끼고 싶어도 내 죄를 다 보고 계신다는 신 앞에서 떳떳할 수가 없더라고요. 그래서 청소년기와 청년기를 거치는 동안 저는 위축되고 제 자존감은 올바르게 형성되지 못하면서 그게 여러 판단을 하는 데 있어 장애를 일으켰어요. 늘 회개해야 했으니까. 수천 년 전에 나를 대신해서 돌아가셨다는 예수님을 생각하며 슬피 울거나 빵과 포도주를 먹으며 그 살과 피를 기억해야 한다는 일들이 이상했어요. 예수님이 돌아가신 걸 모르는 게 아닌데 교회는 왜 분기별로 자꾸 슬픔을 강조하는 걸까요?

그때 깔리는 음악으로 분위기를 조장하면서. 그러다가 신나게 또 뛰고. "영광의 박수를 하나님께 올려드리자"고 찬양인도자가 멘트 하면 으레 치는 손뼉들, 그게 정말 하나님께 올려드리는 박수일까요? 무엇이 그렇게 기쁘고 무엇이 그렇게 슬픈지 하나님과 나의 관계는 언제나처럼 평온한데 콘서트처럼 울렸다가 신났다가 하는 화려하고 시끄러운 음악들의 의도는 너무 뻔하잖아요.

그런데 이제는 다르게 생각하기로 했어요. 하나님이 우리를 지으셨다면, 지구와 우주를 창조하셨다면, 하나하나 따져서 심판하고 자녀들을 괴롭게 하지는 않을 거라고요.

모든 일은 신이 제공한 바탕 위에서 자연스럽게 흘러가는 거고, 어떤 일이 잘되게 해달라고 빌고 뭘 달라고 빌어도 그건 신이 주는 게 아니라고요. 빌고 달라는 사람들이 그렇게 많은데 말이에요. 저는 여기서 이신론[1]에 가까운 무신론에 다가가는 중인 것 같아요. 신은 있지만 모든 일은 순리대로 흐를 것이라는 관점에서 어쩌면 신이 없을지도 모른다는 생각도 들어요.

● **그러면 지금은 예배당 중심으로 모이는 지역 교회로 돌아갈 마음은 없는 건가요?**

◉ 교회는 너무 작위적이고 시끄럽다고 생각해요. 제가 겪은 성 문제, 학력 문제, 인성 문제, 그리고 사회적으로 비난 받는 교회 사유화 문제 등 목회자들의 상태는 그들이 내뱉는 말을 믿지 못하게 만들었고요. 어디든 사람 모이는 곳에 문제없는 사람이 있을까 싶으면서도 요즘은 성당에 가고 싶다는 생각을 가끔 해요. 성공회나 가톨릭 미사에 참여해보니, 아무 꾸밈 없는 전통적인 방식이 신비롭더라고요. 물론 틀에 박힌 면도 없지 않아 있지만, 온전히 신과 나의 관계,

---

1 理神論, deism: 하나님이 우주를 창조했으나 우주에 만들어 놓은 '자연법칙'을 따라서 스스로 그 과정이 흘러가도록 내버려 둔다는 믿음. 그렌츠 외, 『신학 용어 사전』, 알맹e.

그리고 내 속을 들여다볼 수 있는 공간이 제공된다는 것에 매력이 있어요. 언제나 개방되어 있어서 기도가 필요할 때 찾아가기도 좋고요. 또 그런 곳은 개신교랑 달리 기도문이 정해져 있잖아요. 교회처럼 시끄럽게 소리 내서 뭘 자꾸 달라는 기복적이고 개인적인 기도가 아니라 세상과 공동체의 평화를 바라는 기도…. 그런 게 좋아요. 진짜 종교의 역할이 그런 게 아닌가 싶고요. 성당에서도 성찬식을 하는데 교회처럼 슬프고 애통한 분위기가 아니에요. 그저 기억할 뿐이죠. 나를 돌아보고 신을 기억하고 다시 정비하는 거예요. 나에 대한 성찰이 없이 하나님과의 관계를 잘 유지할 수 없는데, 교회는 그저 하나님 말씀대로 사느냐, 안 사느냐만 강조하면서 정죄하는 것은 본질을 잃었다고 생각해요. 하나님과 나만의 본질적인 만남을 추구할 수 있는, 성당에 가면 그런 게 가능하지 않을까 싶어요.

저는 영성을 잘 가꾸는 것이 중요하다고 생각해요. 일주일에 한 번 정도, 거룩하고 보호받을 수 있는 공간에서 고요히 나를 관조하고 독대하는 시간이 중요하다고요. 그런 의미에서, 신이 있고 없고의 차원을 떠나서 어떤 절대적인 존재가 존재한다는 생각은 내가 겸손하게 영성을 회복하는 데 중요한 요소인 것 같아요.

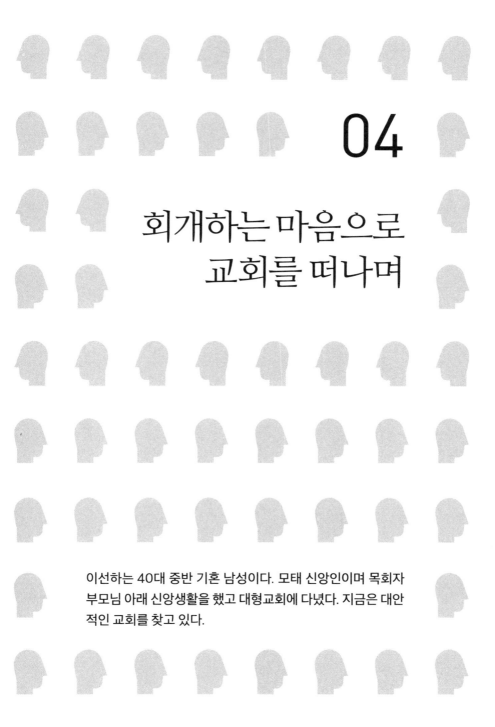

04

회개하는 마음으로
교회를 떠나며

이선하는 40대 중반 기혼 남성이다. 모태 신앙인이며 목회자 부모님 아래 신앙생활을 했고 대형교회에 다녔다. 지금은 대안적인 교회를 찾고 있다.

● **본인의 신앙 여정을 간단히 말씀해 주세요.**

◦ 모태 신앙인입니다. 아버지는 장로교 목사로 평생 사역 후 정년으로 퇴임하셨고 형도 현재 장로교 교단의 목사로 사역하고 있습니다. 장인어른은 교회 장로시고 처남은 선교사입니다. 어렸을 때부터 자연스럽게 기독교 문화 안에서 자랐어요.

대학 4년 동안 캠퍼스 선교단체 활동을 했고 리더로 섬겼습니다. 졸업 후에도 졸업생 모임에 계속 참여했고요.

교회에서는 찬양 인도자와 지휘자로 섬겼고요. 교회 모든 활동에 깊이 관여했던 것 같아요.

● **어떤 과정을 거쳐 지역 교회를 떠나셨나요?**

● 모태 신앙인으로 자라왔고 교회가 세상의 빛과 소금의 역할을 감당하고 있다고 믿어 온 저는 학창 시절 열심히 전도하고 복음 전하는 삶이 지상 명령을 성취하는 것이라고 굳게 믿어 왔었어요.

신앙적인 고민은 10대 때부터 시작된 것 같아요. 그런데 본격적인 고민은 대학 시절 그리고 졸업하고 직장 생활을 하면서부터라고 봐야겠죠. 맹목적이었던 신앙이 벽에 부딪혔던 것 같아요. 학교 다닐 때는 내가 2명 전도하면 그 2명이 4명 되고 4명이 8명 되고 이런 식으로 늘어나서 10년 안에 우리나라가 복음화될 것으로 생각했거든요. 그런데 그게 그렇게 안 되더라고요. 그리고 예수님을 믿는 사람들을 봐도 성장하는 모습이 보이지 않더라고요. 그러면서 우울증도 겪게 되고 신앙에 회의가 들기 시작하더라고요. 신앙에 회의가 들기 시작하니까, 지금까지 내 삶이 전부 거짓이었나 하는 데까지 생각이 미치기도 했고요.

특히 대학에서 일반 사회교육을 전공하고 공통사회를 복수전공 하면서 내가 살아가는 세상의 정치, 문화, 경제적 현상과 역사에 대해서도 관심을 가지게 되었어요. 예수님의 가르침은 내가 사는 시대에도 적용되어야 한다는 생각을 가지게 되면서 내세 중심, 개인의 신앙과 내면 성장만을 강조하는 보수교회의 교리는 하나님의 나라를 이 땅에 임하게 하는 데 지나칠 정도로 소극적이라고 생각했고요.

한국교회의 역사를 공부하면서, 일제시대에 일제와 결탁하여 일본의 부당한 통치를 눈감아주고 교회 활동을 보호받으며 내세의 구원만 강조하는 힘 없고 비겁한 교회 지도자들의 모습을 알게 되었고 영락교회 한경직 목사가 이끄는 서북청년단이 4.3항쟁 때 예수님의 이름으로 제주도민에게 저지른 끔찍한 만행을 알게 되었습니다.

권위주의 정권 시절 한국교회는 보수 기득권 세력들과 정치·경제적으로 결탁하여 부동산 비리를 일삼았고 국가조찬기도회를 통해 군사정권에 신적 권위를 부여해 주었죠. (대학 시절, 제가 몸담았던 선교단체의 창시자이자 초대 총재였던 K 목사가 이 기도회를 주도해 왔다는 것을 자랑스럽게 여겼다는 사실이 뒤늦게 부끄러워졌습니다.)

사람들의 삶이 평등하고 인권이 존중되고 불공정한 사회 문제가 해결되는 방향으로 교회의 지도자들이 목소리를 내는 모습은 찾아볼 수 없었어요. 오히려 기득권의 편에 서서 또는 그들 자신이 기득권화되어서 불법 세습, 대형교회의 부동산 투기 등 불평등을 고착화하는 데 앞장서고 차별금지법 입법 반대운동에 핏대를 세우며 교인들을 동원하는 모습을 보며 실망감은 더욱 커졌어요.

결정적 계기는 세월호 사건과 P 대통령의 국정농단에 대한 대처에서 드러난 한국교회의 민낯이었죠. 세월호 사건과 국정농단 사건이 터졌을 때 이런 정부의 적폐와 무능함에 대해 우리 교회 목사님은 어떤 메시지를 내실까 관심 있게 지켜봤어요. 여느 한국교회의 다른 목사들과 다를 바 없이 개인의 영적 성장과 성실한 교회 생활에 초점이 맞추어져 있는 설교뿐이었습니다. 기독 시민으로서 불의한 세상에 어떻게 맞서야 하는지, 경제적 불평등을 조장하는 기울어진 운동장에 대한 통찰도 없고 진단도 없고 선지자적 메시지도 없었고요.

촛불 집회에 참석하면서 촛불 시민들이 한국교회의 수많은 교인들보다 훨씬 더 깨어있는 존재라는 생각을 하게 되었어요. 적어도 불의를 지켜보지 않고 잘못된 것을 바로잡기 위해 거리로 나와 평화적인 방법으로 민주 시민으로서의 목소리를 내는 것이 성경의 가르침과 더욱 가깝다고 생각했어요.

목사인 형에게도 이런 고민을 얘기했더니 '목사를 일종의 자영업자로 보자면 비즈니스적인 마인드로 봤을 때 고객 관리를 해야 하니까 사회적으로 민감한 사안에 침묵할 수밖에 없다'고 하더라고요. 그러면 성도들은 불의에 대한 선지자의 목소리는 누구에게 들어야 할까요?

제가 다니는 대구의 교회는 대다수 성도들이 보수 정당을 지지합니다. 그런데 보수 정당의 행보는 예수님의 가르침과 정반대 방향이라고 생각해요. 사실 이것은 대구교회의 문제가 아니라 한국교회의 문제가 아닌가 하는 생각이 들어요.

보수정권 때는 '하나님이 세우신 권위에 순종하라'는 논리로 정치 지도자들이 좀 잘못하더라도 협조하는 것이 하나님의 뜻이라고 하더군요. 그런데 진보적인 정권이 들어서자 교회는 정부를 강하게 비판하기 시작했어요. '정치적 이익집단'적인 행동도 서슴지 않았고요. 뭔가 이율배반적이라는 생각이 들었어요.

한국의 기성교회는 기득권 세력이고 그 기득권 자체가 공의로운 성경적 가르침에 의한 것이 아니라는 생각에 이르게 되자 기성교회를 떠나기로 마음을 먹게 되었어요. 내가 해 오던 평신도 리더로서의 교회 활동이 결국 기성교회의 세력을 확장시키고 기득권을 공고히 하는 데 보탬이 되어왔다는 생각에 부끄러운 생각도 들었고요. 성경의 본질적 가르침과 거리가 한참 멀어진 것을 넘어 반대 방향으로 가고 있는 교회를 열심히 섬겨왔던 일에 대해 역사와 사회 앞에 죄책감을 느끼게 되었습니다. 그래서 '회개하는 마음'으로 기성교회를 떠나게 되었습니다.

● **교회를 떠나기 전, 자신과 맞는 공동체를 찾는 시도해본 적이 있나요?**

● 목사인 형과 교회 문제에 대해 많은 이야기를 나누었고 대안적 교회를 몇 군데 소개받아 대구에서 나름 기성교회의 모습과 다른 교회에 출석해 보았습니다.

　인터넷을 통해 알게 된 서울의 B 교회가 가장 잘 맞는다고 생각되어 한 달에 한 번꼴로 출석하고 나머지 주일에는 유튜브로 예배를 드렸습니다. 그러던 중 코로나19를 맞이하면서 출석 예배는 못 하게 되었지만 유튜브로 꾸준히 온라인 예배를 드려 왔습니다.

　하지만 지역 교회를 완전히 떠나지는 못했어요. 왜냐하면 부모님, 장인, 장모님이 모두 교회를 나가시는데 제가 지역 교회를 완전히 떠나면…. 제가 왜 교회를 떠날 수밖에 없는지 설명하기도 어렵고 그분들을 이해시키기는 더더욱 어렵다고 생각했거든요. 그래서 나름의 타협점을 찾았어요. 대형교회는 떠나되 작은 지역 교회에 적(籍)은 두는 걸로

요. 그리고 신앙적인 공급과 공동체성은 B 교회에서 찾는
걸로요. 제가 지방에 있으니 현실적으로 B 교회에 매주 가
기는 어려우니까요.

● **대안적인 교회인 B 교회는 대형교회와 어떤 면이 달랐나요?**

● 내가 믿어왔던 예수님의 가르침이 리더와 성도들의 삶 속
에 배어있다고 생각했어요. 정치적으로도 기계적인 중립
을 지키지 않았고요. 옳지 않은 것은 비판하기도 했고요.
　교인들과 함께 사회적 약자를 위한 여러 집회에 참여하
기도 했고요. 고속도로 요금소 노동자들을 위한 집회도 참
석하고요. 노동자들이 집회 현장 통제에 고립되어 예배를
드리기 어려운 환경이어서 저희가 목회자와 함께 가서 예
배드리기도 했고요.

● **그런데 지금 가족이 있잖아요. 가족들은 어떻게 신앙생활 하시나
요?**

● 아내와 첫째는 아직 대형교회에 다니고 있어요. 부부니까
꼭 같은 지역 교회에 다녀야 한다는 생각은 없어요. 아내도
제 생각에 전적으로 동의하지만 섬기고 있는 대형교회에
서 떠나올 마음은 없다고 하더라고요. 저는 아내의 생각을

존중해요.

둘째는 B 교회에서 줌으로 어린이 예배를 매주 드리고 소그룹 모임도 인터넷으로 활발히 하고 있어요. 아들도 전통적인 주일학교 교육의 '묻지 마 신앙'에 대해 의문이 많았던 터라 새로운 공동체에서 대안적 기독교 교육을 통해 성장하게 되어 본인도 만족해하고 저도 기쁘게 생각하고요.

● **지역 교회에 실망하게 되면서 기독교 자체에 대한 회의가 들지는 않았나요?**

◦ 근본주의 신앙을 버리면서 제 신앙을 찬찬히 돌아보기 시작했어요. 모세오경의 신화적 요소, 구약 성경의 유대 중심주의적 편협성, 신약에 등장하는 예수의 이적에 대한 근본적 물음은 여전히 남아있습니다. 그렇지만 '이웃을 네 몸과 같이 사랑하라'는 기독교의 본질적 가르침은 시대를 초월한 가치가 있다고 생각해요. 평화를 사랑하고 사회 경제적, 문화적 편견과 차별에 맞섰던 예수님의 가르침은 여느 다른 세계종교와 더불어 오늘을 사는 우리에게 충분히 울림 있는 메시지를 주고 있다고 생각합니다.

- **어떤 상황이나 조건이 맞으면 다시 지역 교회로 돌아갈 의향이 있나요?**

- 지역 교회의 지도자들이 성경의 본질적 가르침으로 돌아와 사회의 소수자들을 대변하고 불의에 대해 성경적 메시지를 전하는 선지자적 역할을 감당하게 될 때 돌아갈 수 있겠지요.

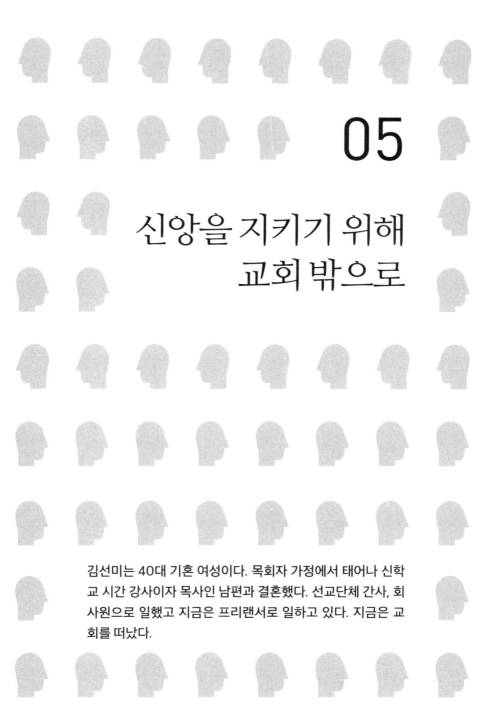

05

신앙을 지키기 위해
교회 밖으로

김선미는 40대 기혼 여성이다. 목회자 가정에서 태어나 신학교 시간 강사이자 목사인 남편과 결혼했다. 선교단체 간사, 회사원으로 일했고 지금은 프리랜서로 일하고 있다. 지금은 교회를 떠났다.

● **본인의 신앙 여정을 간단하게 소개해 주세요.**

● 모태 신앙인입니다. 목회자의 딸로 태어나 자연스럽게 기독교 문화를 접하게 됐고 몇 년 전까지는 자의 반 타의 반으로 교회에 다녔어요. 대학 입학 후 아버지가 대학 시절 활동했던 A 선교단체에 가입하게 되었는데, 선교단체가 대학 생활의 큰 축이었고 졸업 후에는 소속 단체에서 짧은 기간 간사로도 활동했어요. 하지만 지금은 선교단체의 존재 의미에 대해 회의적인 입장입니다. 물론 말씀을 보는 방법을 배우고 세상과 신앙의 관계에 대해 성찰할 수 있었다는 점은 유익했지만, 대학 생활의 굉장히 좁은 면만을 경험하게 된 것이 다분히 선교단체의 구심력에 그 원인이 있었

다고 말할 수 있을 것 같아요. '세상으로 나가는 그리스도인'을 아무리 강조한다 해도, 여러 프로그램이나 프로젝트로 학생들을 묶어 학과 생활이나 기타 취미나 자기 계발을 위한 시간을 허용하는 데 인색할 뿐 아니라 세상으로 나갈 시간 자체를 주지 않는 것 같달까요? 알게 모르게, 너무 많은 '제한'으로, 경험했어야 할 것을 놓치게 만드는 결과를 가져온 부분도 있다고 생각해요.

최근 몇 년 동안은 코로나19 상황이라든가 기타 여러 가지 이유로 자연스럽게 교회에 가지 않고 있어요. 이것이 제 신앙생활에 문제가 된다고 생각하지 않고, 오히려 객관적으로 교회 문화를 돌아보는 계기가 되었습니다.

● **선교단체 활동을 오래 하신 것 같은데 거기서 구체적으로 어떤 영향을 받으셨나요?**

● 지역 교회 안에서는 제 신앙적인 열망이 채워지지 않았기 때문에 어느 정도 기대하는 마음으로 이런저런 선교단체를 기웃거렸어요. 그런데 거기서 오히려 기독교의 부정적인 면이 극대화된 모습을 보게 된 부분이 있죠.

단적인 예를 들자면, 대학 졸업 후에 B 단체에서 제자훈련으로 합숙 훈련을 한 적이 있는데, 너무나 많은 규칙이 있더군요. 여성들은 남성들이 시험에 들지 않도록 긴 머리를 꼭 묶어야 한다든지 긴 치마를 입어야 한다든지…. 왜 여성 개인의 취향이 남성의 시험거리가 되는지, 그리고 혹시 시험에 든다 해도 남성 본인이 훈련하는 것이 아니라 왜 여성에게 문제를 삼는 건지 이해할 수가 없었어요. 복종을 강요하면서 개인을 존중하지 않는 분위기였어요. 하나님이 개인을 존중하지 않으신다면 각 사람을 다르게 만드시지 않았을 거라고 저는 생각하거든요.

　그 훈련을 마치고 대학 시절에 활동했던 A 단체로 돌아와 간사로 사역을 했어요. 제가 오래 생각해온 신앙적 환경을 후배들에게 제공해 주고 싶었거든요. 그런데 조직이라는 덫에 걸려서 그런 것들을 구현하기가 어려웠어요. 간사들 간의 서열과 알력이라든가, 조직의 유지발전이라든가 하는 문제들이 방해가 되더군요. 대단한 조직도 아닌데 사람이 모여있는 곳은 다 그러는가 봐요. '공동체'라는 말이 무색하게 말이죠.

● **이런 과정을 통해서 신앙에 많은 변화가 생겼겠네요?**

○ 유신론자였고 지금도 그렇지만, 색깔은 많이 달라진 것 같아요. 하나님이 우리의 머리털 하나하나를 세실 수 있다는

것은 맞는 말이지만, 작은 신음 하나하나에 응답하신다는 식의 감상적인 신앙에서는 떠난 것 같아요. 하나님은 필요할 때 그분의 뜻에 따라 개입하시지만, 전쟁과 폭력과 질병과 가난으로 가득한 세상을 묵과하고 계신다고 생각해요. 우리 죄를 미리 사하셨으나 죄가 세상에 있는 것을 허용하시는 것과 마찬가지로요. 이신론과는 좀 다르죠. 다만 하나님이 우리의 안위를 위해 일하시지는 않는다고 생각해요. 그래서 저의 안위를 위해 기도하지도 않지요. 예를 들어, 대학 입시를 위한 기도회 따위는 다 미친 짓이라고 생각해요. 공부한 대로 성적 나오는 거지, 기도한다고 대학 잘 붙으면, 그게 하나님이라는 분이 하실 일인가요? 그런 발상을 하는 것 자체가 하나님을 땅으로 끌어 내리는 격이죠. 하나님이 아버지라는 개념 때문에 아마 이 모든 추태가 벌어지게 된 것 같은데, 성경이 쓰인 당시의 '아버지'라는 개념과 현대적인 개념은 다를 것 같아요.

꼭 그래서만이 아니라, 하나님은 생각보다 우리에게 주신 자유를 좀 더 중요하게 여기시는 분이라고 봐요. 선택의 자유를 주셨고 그 결과를 감당하는 것까지도 우리의 몫이죠. 우리에게 관심이 없으시다는 게 아니라, 우리가 짜장면을 먹든 짬뽕을 먹든 그런 것에까지 하나님의 뜻이 있다고 생각하는 관념적인 틀이 자신을 옥죄고 남을 옥죄는 일이 되기 쉽죠.

예전에 전도 훈련 프로그램에 참여해서 팀원들과 국내 여행을 한 적이 있어요. 둥그렇게 모여 앉아 다음 목적지에 대한 하나님의 음성을 듣고 각자 떠오른 이미지를 말하는 코미디 같은 상황이 매일 벌어졌는데, 하나님이 우리의 앞길을 인도하신다는 게 정말 그런 뜻일까요? 전도야 어딜 가든 그 환경에 맞게 해야 하는 일이지, 하나님이 일일이 A 다음 B, 그다음 C 이런 식으로 구역까지 정해주신다면 인간의 자유의지는 무엇일까요.

이런 일들을 겪다 보니 '참된 기독교는 뭘까'라는 질문이 생기더라고요. 그동안 내가 몸담았던 교회를 새로운 눈으로 보게 됐어요. 그러면서 교회의 불합리하고 불필요하고 가식적인 모습에 완전히 질려버린 거죠. '내가 하나님을 믿지만 교회 안에는 길이 없다.' 이렇게 결론을 내렸어요.

● **교회를 떠나는 게 자연스러웠을 것 같네요.**

그렇죠. 각 개인의 다른 생각과 다른 생활방식을 허용하지 않는 경직된 분위기도 문제지만, 그 다름을 소화할 수 있는 능력도 교회 안에 없다고 생각해요. 조금만 다르면 '신천지'가 아닌지 의심부터 하고 보는 태도는 난센스죠. 직접적으로 말하자면, 교회가 너무 무식해서 떠났어요. 다르게는 설명할 방법이 없네요. 목회자들이 책 한 줄 읽을 시간이 없이 일주일 내내 '사역'에만 매진하니 세상에 대해, 말씀에 대해 성찰할 시간이 있을까요? 좋은 설교가 나올 수 있을까요? 또 성도들 입장에서는, '왜'라는 질문이 허용되지 않는 분위기에서 말씀에 대한 깊이가 성장할 수 있을까요?

제 남편은 신학교 시간 강사입니다. 직분상으로는 목사죠. 남편의 입장이 곤란할 것을 알면서도 저는 교회에 나가고 싶지 않아요. 교회에만 갔다 오면 오히려 신앙심이 꺾이는 경험을 하기 때문이에요. 목사 '사모'이기 때문에 요구받는 전형성이 있어요. 제가 목사 사모가 되려고 무슨 자격증을 딴 것도 아니고, 그냥 남편이 목사이기 때문에 자동적으로 사모가 된 것인데도, 자격에 관해 입방아에 잘 오르죠. 표정, 말투, 옷차림 그 하나하나가 다 평가의 대상이 됩니다. 신앙인 개인으로서 존재할 수 없는 이런 문화가 저를 질리게 해요. 세상을 창조하신 하나님이 다양성을 얼마나 사랑하셨는가를 잠시만 생각해보면, 교회가 가하는 획일성의 폭력이 얼마나 비신앙적인지 알 수 있습니다.

젠더 이슈도 그래요. 성 정체성이 모두 같아야 한다는 것은 얼마나 지나친 폭력인가요. 이성애자들이 동성을 사랑할 수 없듯이, 동성애자들도 이성을 사랑할 수 없을 뿐이죠. 누굴 미워하겠다는 게 아니라 사랑하겠다는 건데 왜 그것을 죄악시하나요. 교회가 무슨 권리로 이들이 그리스도인이 되는 것을 막고 있는 걸까요. 하나님이 용납하시는 사람들을 인간이 심판한 죄를 언젠가는 크게 물으실 거라고 생각해요. 오히려 권력을 이용해서 저지르는 목회자들의 성범죄가 더 심각한 문제 아닐는지요.

이런 '다름'을 어떻게 조화시켜야 할까에 대한 성찰 없이 무조건 '아는' 것 안에서 답을 찾으려고 하기 때문에 수많은 문제가 발생하는 것 같아요. 그런데 그 앎이라는 것이 너무나 얕은 거죠. 물론 성경이 우리에게 많은 해답을 제공해 주고 있지만, 성경은 역사적이고 문화적인 텍스트잖아요. 현대 문화가 빚어내는 모든 세부 사항을 성경에 일대일로 대입시켜 답을 얻어낼 수는 없다는 거죠. 그래서 세상에 관한 공부가 필요한 겁니다. 저는 목회자들이 인문, 사회, 경제, 철학 등 모든 분야에 대한 소양이 있어야 한다고 봐요. 성경만 파가지고는 편협한 답을 낼 수밖에 없어요. 동시대를 현실로 살아가는 이들의 문제를 입체적으로 볼 수 있어야 합니다. 목회자들의 선동적인 뻔한 설교에 아무런

감흥을 느끼지 못한 지 오래됐어요. 무식한 것. 무식으로 일관하는 것. 무식 속에서 답을 찾는 것. 저는 이것이 교회의 너무나 큰 문제라고 생각해요. 다른 많은 세밀한 문제도 바로 이 지점으로 수렴되죠. 열려 있는 공동체를 만들 수 없는 것은, 그 무식으로는 감당하기 어렵다는 걸 자신도 잘 인지하고 있는 것이죠.

저는 정치적으로 개인에 따라 보수적일 수도 있고 진보적일 수도 있다고 생각하지만 신앙은 보수적이어서는 안 된다고 봅니다. 기독교는 근본적으로 변화와 개혁의 종교인데, 새로운 것이나 변화를 반대하는 보수성이 전복적인 신앙의 속성을 방해하고 있어요. 이 또한 앎의 연장선에 있는 것입니다. 새로운 것을 받아들일 능력이 안 되는 거죠.

저는 교회에 프로그램이 많은 것도 문제라고 봅니다. 결국 사람들의 이야기를 듣고 함께 방법을 모색해나가는 방식이 아니라, 군대식으로 똑같은 신앙인들을 길러내고 있는 것이죠. 이런저런 모임으로 돌리면서 바쁘게 만듦으로써 뭔가 '열심히' 하고 있다는 착각을 불러일으키기도 하고요. 신앙은 넓이가 아닌 깊이의 영역이라고 생각합니다.

내용 없는 형식도, 제겐 불결하게 느껴지는 하나의 요소입니다. 결국 다 연관되는 문제죠. 내용에 충실할 능력이

안 되기 때문에 형식에 더 큰 비중을 두는 게 아닐까 생각
합니다. 물론 형식도 중요합니다. 자리가 사람을 만든다는
말도 있으니까요. 하지만 내용과 형식을 연결하는 고리는
성찰이라고 봅니다. 생각하는 힘이죠. 그 힘이 부족한데,
어떻게 형식으로 내용이 만들어지겠습니까.

● **교회와 관련된, 기억에 남는 에피소드가 있다면 어떤 게 있을까요?**

◦ 제가 너무 교회의 내용 없는 형식과 위선에 질려 있다 보니
설교만 들으면 구역질이 났어요. 저는 너무 싫으면 그게 몸
으로 나타나거든요. 그래서 맨 뒷자리에 앉아있을 수밖에
없었어요. 구역질이 나면 문밖으로 나가야 하니까요. 말씀
자체가 가진 울림이 있는 것인데, 목회자들이 그것보다는
선동이나 웅변으로 일관하고 감동을 '자아내려는' 태도가
몹시 힘들었습니다.

● **교회를 떠나기 전, 자신과 맞는 공동체를 찾는 시도해본 적이 있나요?**

◦ 시도해본 적이 있어요. 목회자가 없는 평신도 공동체였죠.
평신도들이 돌아가면서 설교하는 곳이었는데, 영성이 없

다고 느꼈어요. 저는 지적으로나 영적으로 잘 훈련된 목회
자가 필요하다고 생각합니다.

● **본인의 이런 선택으로 남편이나 가족, 부모님들과 갈등은 없었나
요?**

○ 글쎄요. 아마 부모님을 포함한 친정 식구들은 저를 기도가
필요한 탕자라고 생각하지 않을까요? ^(웃음) 기독교 집안이
다 보니 모이면 교회와 신앙에 관한 얘기를 많이 해요. 제
가 속에 있는 얘기를 정직하게 하면 분위기가 안 좋아지죠.
딱히 반박할 논리가 없다 보니 그냥 불쌍하게 생각하기로
한 것 같아요. 그래도 남편은 교회를 회의적으로 보는 제
생각에 어느 정도 동의하기 때문에 잘 이해해 주는 편입니
다. 그나마 의지가 되죠.

● **교회를 안 나간 기간 동안 신앙인의 정체성을 어떻게 유지했나
요?**

○ 정체성은 행위로 유지되는 것은 아니라고 생각해요. 제가
한국인이라는 정체성을 지키기 위해 한국적인 어떤 것을
해야 하는 건 아니잖아요? 저는 그리스도인이고, 그 사실
은 제가 교회를 나가든 안 나가든 변함이 없을 것입니다.

말씀을 읽고 싶을 때 읽고, 기도하고 싶을 때 해요. 마치 그게 그리스도인의 기본 의무인 것처럼, 정기적으로 하지 않으면 죄책감이 느껴지게 만드는 환경에서 자랐지만, 지금은 그렇게 생각하지 않아요. 하나님이 나를 사랑하신다, 돌보신다, 지키신다는 것을 전혀 감상적으로 받아들이고 있지 않고, 그분이 거기 계시고 내가 여기 있다는 사실이 그 사실 자체로 제게 힘이 됩니다.

- **자녀의 신앙 교육은 어떻게 하고 계세요?**

코로나19 때문에 아이가 온라인으로 예배를 드리는데, 옆에서 설교를 듣고 있으면 너무 괴로워요. 아이들이라고 해서 어른이 아무 얘기나 하면 다 믿는 게 아니잖아요? 다 생각이 있단 말이죠. 아이들이 생각하는 존재라는 것을 무시하고 성경을 너무 단순화시켜서 아이들에게 주입하려는 방식이 싫습니다. 그러면서 제가 따로 뭘 해 주는 것도 아니니까 미안하기도 하죠. 저는 아이가 건강한 그리스도인으로 자라기를 바랍니다. 하지만 신앙 앞에서 어떤 선택을 해야 하는 시기가 오는데, 인풋이 형편없다 보니 부정적인 선택을 하게 될까 봐 그게 좀 마음에 걸려요. 그런 면에서는 제가 참 무책임한 엄마라는 느낌이 듭니다. 대화를 통해서 신앙에 대해 얘기할 기회를 더 자주 만들어야겠다고 생각해요.

● **교회를 안 나간 기간 동안 하나님과의 관계는 어떻게 변화했나요?**

● 코로나19 시대라 자연스럽게 교회를 안 나가고 있는데, 하나님과의 관계가 더 나빠지거나 한 것은 아닙니다. 한 가지 분명한 것은 교회에 나가면 더 퇴보한다는 것이고요.

● **어떤 지역 교회라면 다시 정착할 의향이 있나요?**

● 양적·경제적 성장에 뜻을 두지 않고, 프로그램에 휘둘리지 않는 교회. 목회자가 매력적인 교회. 미화된 매너리즘이 없는 교회. 이런 교회가 있을까요?

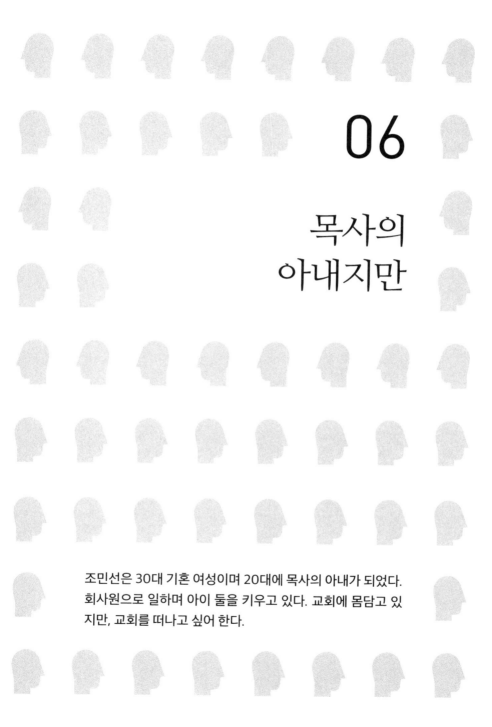

06

목사의
아내지만

조민선은 30대 기혼 여성이며 20대에 목사의 아내가 되었다. 회사원으로 일하며 아이 둘을 키우고 있다. 교회에 몸담고 있지만, 교회를 떠나고 싶어 한다.

● **교회는 언제부터 다니기 시작하셨어요?**

○ 저는 모태 신앙은 아니고요. 제가 어릴 때 아버지 혼자 교회를 다니셨어요. 그러다가 독실한 한국 종교인(불교, 무속이 혼합된 민간신앙)이던 할머니가 교회를 출석하기 시작하면서 온 가족이 교인이 되었어요.

청소년기에 개인적으로 신앙 체험을 하면서부터 교회에 헌신하면서 열심히 섬겼어요. 집안의 경제적인 문제와 갈등이 많았는데 내적으로 방황을 많이 했거든요. 신앙에 많이 의지하던 시기였어요. 10대 때는 엄마를 따라 지역에서 유명한 기도원에도 정기적으로 다녔고 신비 체험도 많이 했었어요. 20대에는 한 선교단체에서 훈련받으면서 신앙의 갈등을 많이 해소했고요.

29살에 모교회 전도사로 부임했던 남편을 만나 결혼했어요. 목사의 아내로 11년 정도 살았네요. 사모가 되기 전에도 교회와 개신교의 여러 문제에 불만이 쌓여 있었는데 사모가 되고서부터 전에는 몰랐던 부조리를 가까이서 접하면서 내적 갈등이 더 심해졌어요. 지금은 기독교에서 마음이 떠난 상태지만 여전히 목사 사모이기 때문에 매주 교회에 나갑니다.

● **신앙에 많은 변화를 겪으셨군요.**

● 네. 어린 시절 교회는 제 마음의 중심이었고 전부였어요. 청소년기에, 또래 학생들이 관심을 가질 만한 주제에 크게 관심이 없었고 교회에서 배우는 가르침을 스펀지처럼 다 흡수했고요. 청년기에는 기존 교회의 가르침을 벗어나 기도원이나 선교단체, 기독교 서적을 통해서 신앙의 스펙트럼을 넓혀갔어요. 절대적인 유신론자였고 기독교에서 말하는 신이 참되고 유일한 신이라고 믿었어요.

청소년기에 내적 방황을 해소하기 위해 교회 생활에 집착했는데, 그때 선배들이 무척 열정적이던 영향도 컸어요. 밤샘 기도회나 수련회를 통해 소위 영적 체험이라 부르던 것을 많이 경험했고요. 당시 지역 교회에 전반적으로 신비 체험이 유행하던 시절이었는데 교회 안에서는 나름의 찬반과 갈등이 있었지만 십 대였던 저에게는 현실을 버티는 힘이 되기도 했고 자존감 고양에도 도움이 되었던 것 같아요.

10대 후반부터 20대 초반까지 다녔던 기도원에서는 문자 그대로의 은사 체험, 신비 체험을 많이 했어요. 방언이나 입신, 예언 같은 체험을 했는데 힘들었던 일상을 견딜 힘이 되어 주었습니다.

20대 초중반에는 선교단체 활동을 하면서 사람들과 폭넓은 교류도 했어요. 제가 속했던 선교단체 지부는 은사 체험에 열려 있는 편이어서 기도원만큼은 아니었어도 소소한 은사 체험을 했어요. 저의 힘든 가정생활을 터놓을 수 있었고 돌봄을 받기도 했고요. 그때 만났던 간사님들과 선후배들이 다행히 균형 감각이 있었고 인간적으로도 좋은 사람들이어서 한쪽으로 치우치지 않은 신앙생활을 했던 것 같습니다.

● **학생 시절에는 신앙생활을 열심히 하셨는데 어떤 과정을 거쳐서 교회 공동체에서 마음이 떠난 것 같나요?**

● 매주 예배당에 나가지만 마음이 떠난 이유는 단 하나의 사

건 때문은 아니고 오래 누적된 일들이 쌓여서인 듯하네요.

제 모교회는 분란이 많았어요. 장로님들이 목사님을 내쫓는 일을 초등학생 때부터 성인이 되기까지 여러 번 봤어요. 당연히 성도들끼리 이간질하고 몸싸움하는 일도 봤고요. 교회가 안정되고 나서도 어른들의 끼리끼리 문화, 성도들끼리 뒤에서 뒷담화하는 것도 싫었고요. 자식뻘 되는 청소년, 청년들을 함부로 부리는 태도에도 환멸을 느꼈고요. 돌이켜 보면 처음 신앙을 가졌을 때부터 하나님은 믿었지만, 교회 어른들은 믿을 수 없었고 싫었어요. 결혼하고 사모가 된 이후로도 교회 어른들의 행태는 크게 다르지 않았습니다.

20대 초반에 친밀하게 지내던 남자 청년이 흔히 이단이라고 부르는 교회에 빠졌어요. 인간적으로는 무척 좋은 사람이었는데 결국 교회를 나갔어요. 담임목사님은 그 친구가 이단에 빠졌고 교단에서 제명한다고 선포했고요.

당시 공식적인 선언을 들었을 때는 꽤 심란했습니다. 목사님의 입장, 교회의 입장을 그때나 지금이나 변함없이 이해는 합니다. 하지만 제가 자라면서 겪어온 교회 안의 부조리는 이단과 다를 바 없었고 큰 비리에는 침묵하면서 불신 가정에서 혼자 출석하던 청년을 쉽게 매도하는 모습에 질려버렸어요. 그 사건 이후로 교회의 어른들을 더 싫어하게 되었습니다.

결혼을 하고 남편과 함께 처음 부임한 교회의 담임 목사와 사모는 40대의 젊은 분들이었어요. 수도권의 대형교회에서만 부교역자 생활을 했고 처음 담임이 되어 지방으로 온 경우였어요. 나이 든 목사님들에게 흔히 보이는 고리타분한 모습도 없었고 교역자들끼리 단합을 중시해서 자주 만나고 모였어요. 담임목사는 설교를 잘하지 못했고 사모는 간섭이 심한 성격이었지만 그때는 관계가 좋았기 때문에 그분들을 좋아하고 존경했죠.

1년쯤 뒤에 선임 부목사가 부임해왔어요. 단정적으로 말하자면 그는 목회를 해서도, 가정을 꾸려서도 안 되는 사람이었어요. 물론 평판도 나빴고요. 입만 열면 거짓말에다가 남 탓을 하기 일쑤였고 가족에 대한 애정도 없었어요. 교역자들과 같은 부서의 교인들은 큰 고통을 받았고 우여곡절 끝에 결국 그를 내보냈어요.

진짜 문제는 그다음에 찾아왔어요. 담임 목사는 그 부목사 같은 행동을 하기 시작했습니다. 원래도 대도시의 대형교회 출신이라는 자부심이 강했지만, 점점 자신을 하나님과 동일시하더라고요. 사모는 가까이 지내는 몇몇 가정을 첩보원처럼 부리며 자기 뜻에 맞지 않는 성도들을 찾아내고 주의 종을 따르지 않아서 당신들이 고통받는 것이라며 비난하더군요. 그러던 중 두 가정이 교회를 떠나는 것을 시작하고 교회는 분란에 휩싸였어요.

남편이 목사 안수를 받던 해에 세월호 참사가 터졌어요. 저는 교회가 사회에 무책임할 뿐 아니라 도리어 악행을 저지르기도 한다는 것에 심한 충격을 받았고 책임감을 느꼈어요. 당시 교회는 매우 민감한 상황이었고 정치적으로는 보수였기 때문에 아무 의견도 낼 수 없이 속앓이만 하다가 촛불 시위를 찾아가서 조금씩이나마 함께 활동했어요. 그런데 저의 SNS를 통해 그걸 알게 된 일부 교인들이 목사와 사모에게 그 사실을 알렸고 저는 사모에게 심한 비난을 받았습니다.

떠나고 싶었지만, 성도들에 대한 책임감과 정 때문에 섭사리 결심을 못 했어요. 하지만 저는 정신적으로 힘든 시간을 몇 해나 넘겼고 나중에는 분노를 조절할 수 없는 지경에 이르렀어요. 온종일 화병처럼 분이 끓었는데 무슨 짓을 해도 도저히 사그라지지 않더라고요. 결국 남편은 지금의 사역지로 옮기게 되었습니다. 성도들 생각하니 마음이 아파 많이 울었지만요.

옮기면서 그 목사와 사모에게 마지막 정으로 솔직한 심정을 밝혔어요. 내 나름대로는 정말 오래 고민하고 기도하면서 그들을 위해 할 수 있는 마지막 일이라고 생각했는데…. 그 때문에 그 사모에게 한 시간 동안 전화로 욕을 들었어요. 사람의 밑바닥을 그대로 다 보게 되었죠. 그때 트라우마가 생겨서 한동안 힘든 시간을 보냈어요. 나 자신도 심한 상처를 받았고 이 좁은 바닥에서 남편의 앞길도 내가 막아버린 것 같은 죄책감도 들었죠. 하지만 이제 와 돌이켜보면 잘했다고 생각해요.

이런 경험들이 쌓이면서 교회에 대한 실망감이 커졌던 것 같아요. 제 경험에 비추어 보면 교회는 그렇게 민주적인 곳이 아닌 것 같아요. 지역 교회는 당회가 이끌어 가고 형식적으로는 성도 중에 대표를 뽑아서 장로가 되잖아요. 그런데 목사나 장로는 결국 소수잖아요. 소수가 모여서 교회 전체를 대표해서 의사진행을 하니까 그 외의 사람들의 의견은 반영하기가 어려운 것 같아요. 물론 여성은 목사나 장로를 할 수 없으니까 여기서 더 배제되고요. 혹시라도 어떤 의견을 제시했다가 목사나 장로의 심기를 거스르면 비난을 받고 결국은 제 발로 교회를 떠나게 만들더라고요. 그런 걸 볼 때 교회 지도자들이 성도를 섬긴다기보다는 지배하고 권력을 추구한다는 생각이 들었어요. 좋았던 사람들도 그 자리에 가면 추해지더라고요.

● **교회가 신앙의 도움은커녕 해를 끼쳤던 것 같네요. 신앙적인 공급은 어디에서 받으셨나요?**

● 20대 때는 기독교 서적을 많이 읽었어요. 가리지 않고 여러 출판사의 책들을 두루 읽다 보니 어떤 책이 나와 맞는지, 나의 의문을 해결해 줄 수 있을지 조금 분별할 수 있게 되었던 것 같아요. 물론 선교단체 활동으로 사람과 교제하고 함께 예배하는 등의 만족감도 있었지만 제 정체성을 깊이 다질 수 있게 해 준 건 독서였다고 생각합니다.

사실 저는 교회에 자주 기도하러 갔어요. 10대, 20대 때는 버거운 날을 견디기 위해 저녁 시간이나 사람이 없는 틈을 타서 기도했어요. 기도라기보다는 탄식과 명상에 가까웠다고 생각하지만, 기독교에서 가르쳐 온 기도와 크게 다르지 않은 기도를 드렸어요. 기도하러 갈 수 없을 때나 너무 힘들 때는 일기를 많이 썼어요.

페이스북을 하고 나서는 피드에 올라오는 좋은 게시글을 읽는 것이 도움이 되었어요. 세월호 참사로 갈등이 심각했을 때는 마음을 잡을 수가 없어서 더 페이스북에 의지했던 것 같아요. 페이스북 친구 중에 목사님들도 종종 계셔서 가끔 설교문도 올라오는데 다 읽지는 않지만 찾아 읽게 되는 분들도 드물게 있긴 해요. 꼭 설교문이 아니더라도 다른 매체에서 볼 수 없는 진솔하고 식견이 넓은 글, 다양한 사안에 대한 통찰력 있는 글도 많아서 저에게 큰 도움이 되었습니다.

● **지역 교회에서 마음이 떠났다면 자연스럽게 다른 대안을 찾게 되었을 것 같은데요.**

○ 페이스북을 통해 저와 같은 심정적 가나안 성도가 많다는 것을 알게 되었어요. 나만 교회가 힘든 게 아니구나. 가뭄에 단비 같은 소식이어서, 몇 번 멀리까지 찾아가 나와 비슷한 분들을 만난 적이 있어요. 또 페이스북에서 나름 유명했던, 기존 교회와는 다르게 운영되는 교회를 방문한 적도 있고요. 얼마간 도움이 되기도 했고 실망한 적도 있습니다.

페이스북 친구 중 한 분께서 제 상황을 아시고 한 공동체를 소개해 주셨습니다. 뜻이 맞는 분들끼리 함께 사업체를 운영하면서 한 교회를 출석하며 신앙생활도 같이하는 공동체였어요. 작지만 집도 제공해 준다 했고, 그분들 처지에서는 우리가 가는 것이 손해일 수도 있었지만, 우리 가정의

뜻을 보시고 받아주시기로 했어요.

하지만 남편이 결국은 마음을 정하지 못해서 무산되었어요. 남편은 목회에 대한 미련을 못 버렸다기보다는 새롭고 낯선 경험에 대한 두려움이 컸던 것 같아요. 그때 남편에게 너무 실망해서 몇 달 동안 대화를 안 했어요. 하지만 필요한 직원은 제가 아니라 남편이었기 때문에 강요할 수는 없었죠.

남편의 심정을 이해 못 할 바는 아니었지만 저는 남편이 정말 목회를 그만둘 마음이 있는지 의심스러웠어요. 제가 오랫동안 사모로서 신앙인으로서 고통스러웠던 걸 누구보다 가까이서 지켜본 사람이었고, 나를 위해서 목회를 그만둘 용의가 있다고 했지만 결국 결단을 내리지 못했어요. 그 일을 계기로 저는 남편의 진심에 회의를 느꼈고요. 하지만 남편도 이제는 목회에서 오는 피로가 누적되기도 했고 자기 인생을 돌아보면서 마음을 바꾸게 되었어요.

남편의 친구들인 또래 목사들도 목회에 회의를 느끼는 이들이 많다 보니 더 그런 것 같습니다. 남편 친구도 원래는 목사였는데 지금은 농사를 지으며 생계를 꾸려가거든요. 그 친구랑 대화하면서 남편도 목회를 해서는 미래가 없겠다는 생각을 한 것 같아요. 지금은 대형 차량 면허도 알아보고 적성검사도 해 보고 사택을 나가게 되면 주거비용이 얼마나 들지도 함께 알아보는 중입니다.

- **지역 교회에 대한 실망과 회의가 지금 신앙에도 영향을 주었을 것 같네요.**

한동안은 교회가 잘못을 해서, 한국교회가 타락해서 문제이지 신앙 자체에 회의가 든 적은 없었습니다. 올바른 신앙을 지키고 교회를 자정하려 노력하는 사람들을 보며 위로받기도 하고 저도 할 수 있는 한 노력하며 지내왔고요.

하지만 최근에는 기독교 신앙 자체에 깊은 회의를 느껴요. 신앙의 이름으로 교회가 저질러 온 잘못뿐 아니라 교리나 믿음 그 자체가 문제가 아닌가 싶어요. 기독교 신앙이 합리적이고 논증할 수 있다고 주장하는 분들이 있고 저도 어느 정도 동의하지만, 종교심이란 본질적으로 이성을 벗어나야 가능한 영역이 아닌가 싶어요. 우리가 흔히 이성적이라고 할 때 객관적인 근거를 바탕으로 합리적인 사고를 해서 타당한 결론을 내릴 때 이성적이라고 하잖아요. 그런데 종교는 성경만을 근거로 주장을 하니까 객관적인 과정을 거치기엔 어렵다고 생각해요. 신을 믿는 건 믿음의 영역이지 증명할 수 있는 게 아니잖아요. 그 부분에 스스로 납득할 만한 이유를 잃어버린 것 같아요. 거듭된 실망이 주된 이유겠지만요.

오랫동안 기독교의 유일신론을 고수했지만, 최근에는 무신론으로 바뀌는 중인 것 같아요. 최근에는 신앙을 일부러 버리려고 노력하고 있습니다. 제 피부처럼 자연스럽게 들러붙어 있는 기독교의 습관을 하나씩 떼 내는 중이에요. 저는 제 인생이 자주 허망하다고 느끼는 편인데, 이제는 예전처럼 하나님이 정하신 계획과 인도하심이 있다고 받아들이기가 어렵습니다. 세월호 참사 같은 비극만 보아도 하나님의 뜻이 무엇인지, 하나님이 전능하시기는 한 건지 알 수 없죠. 가족 중에 불치병이 있다거나 갑작스러운 사고를 당하는 등 선하신 하나님이 신자들에게 왜 이런 불행을 안겨주는지 납득할 만한 설명을 오래도록 찾아 헤맸지만 이제는 그런 노력을 포기했어요. 인생의 목적, 하나님의 섭리, 그 모든 믿음에 세뇌된 것은 아닌가, 그건 비겁하고 낙관적인 믿음에 나 자신을 내던진 게 아니었나 싶습니다. 신의 존재 여부는 아직 판단하기 어려워 보이긴 하지만 전통적인 유신론이 현대에도 아직 쓸모가 있는지는 회의가 듭니다.

- **과거에 여러 가지 신앙 체험을 하셨다고 했는데 그런 경험들이 신앙에 도움이 되지는 않던가요?**

저는 개인적으로 과학을 좋아해서 과학이 어떤 발견을 했는지 찾아보고 있습니다. 기독교의 신비 체험이 기독교에만 있는 게 아니라 다른 종교에도 있더라고요. 그리고 인간의 뇌는 어떤 특정한 부위에 자극을 받으면 그것을 신비 체험으로 인식하기도 한다고 한 다큐멘터리 프로그램에서 본 적이 있어요. 우주나 인간의 기원, 생명과 죽음의 의미처럼 종교에서만 다룰 것 같은 분야도 과학이 이미 많은 답을 내놓았더라고요.

그렇다고 기존의 기독교 신앙을 고수하는 분들을 무지하다고 매도할 생각은 없어요. 종교는 신도들에게 일체감과 소속감을 느끼게 해 주고, 돌봄과 사랑을 실천할 명분이 가장 분명한 집단이에요. 열심히 신앙생활 하시는 분들도 대부분 한국교회의 문제를 잘 알고 있고 나름대로 내적 싸움을 하시면서 그 안에서는 좋은 영향을 끼치고 계시고요. 다만 이제 저와는 입장이 다르다고 생각할 뿐이에요.

다만 현재의 기독교가 우리 사회에서 어떤 가치가 있을지는 진지하게 고민할 필요가 있다고 봐요. 기독교를 포함해서, 과학과 문명이 비약적으로 발전하면서 종교에 의존

하던 해답은 점점 옅어지고 있어요. 그렇다고 해도 종교만의 고유한 역할은 있는데 한국교회는 그 역할마저도 잘 해내지 못해요. 보통 사람들이 주말에 여행을 가거나 쉬거나 취미생활을 할 때 교회 다니는 사람들은 교회 생활에 시간과 돈과 에너지를 써요. 그런데 교회가 사람들의 영혼에 안식을 주는 것도 아니고 사회에 공적인 이바지를 하는 것도 아니에요. 기독교라는 종교가 특히 젊은 사람들에게 별 매력도 없고, 이익집단이 되어 버려서 사회 인식도 나빠졌는데 우리 사회에 무슨 쓸모가 있나요? 이 부분에 뼈를 깎는 자기성찰과 발전이 없으면 기독교는 더 빠른 속도로 도태될 거라고 생각해요.

● **그런데도 아직 지역 교회에 남아있는 이유는 뭔가요?**

● 남편이 목사라는 이유가 가장 크죠. 생활비 대부분이 남편의 사례에서 나오고, 주거지도 교회 사택이다 보니 현실적인 이유로 아직 교회에 남아있어요. 현재 남편은 올해 안에 교회를 나가려고 다른 일자리를 알아보고 있지만요.

　　또 양가 부모님을 설득하기가 어려웠어요. 예전에 다른 공동체에 가기로 했을 때 시댁의 반대가 심했어요. 하지만 지금은 남편이 뜻을 굳혔기 때문에 부모님들도 조금 누그러지신 것 같아요.

  남편이 완전히 다른 직업을 갖게 되고 거주지 문제도 해결되면 교회를 다닐 생각은 없어요. 아이들이 가고 싶어 하면 교육부 예배 정도는 같이 참여할 것 같네요.

- **교회에서 힘든 일을 많이 겪으셨는데 어쩌다가 목사의 아내가 되셨어요?**

- 처음에는 목사 사모만 아니면 어떤 사람이라도 괜찮다고 생각했어요. 그러다가 남편이 좋아서 나 자신을 좀 설득했던 것 같아요. 그런데 지금은 목사 사모냐 아니냐를 떠나서 나 자신이 결혼이랑 잘 안 맞는 게 아닌가 이런 생각이 들어요.

  그런데 교회는 너무 결혼이나 가정을 중요하게 생각해요. 청년들을 무조건 결혼시키려고 하고 젊은 부부들에게 애 많이 낳으라고 하고요. 기존의 가부장제 질서에 충실하면서 그걸 하나님이 주신 교리로 포장하는 것도 부조리하게 보였어요. 교회 안에 이혼한 분들이나 비혼자들, 한부모 가정, 조손 가정 등 정상 가족의 범주에서 벗어난 경우가 얼마나 많은데 그들을 전혀 배려하지 않죠.

  온 교회가 여성의 희생을 당연하게 여기는 것도 큰 문제고요. 사모라는 직함 때문에 치른 희생은 저보다 더 고생하신 분들이 많을 테니 굳이 말할 필요가 없을 것 같아요. 한 가지 얘기하자면, 우리 교단에서는 여성에게만 권사라는 직분을 주는데 직분은 주면서도 안수는 안 해 줘요. 한국교회의 필요 때문에 권사를 뽑아 놓고서 성경에 명시되어 있지 않다고 말이죠. 안수식에서 여러 목사들이 다 같이 장로 한 명에게 손을 얹고 축복해 주는데 옆에서 아무 축복도 못 받고 민망하게 서 있던 여자 권사님이 아직도 생각나요.

● **혹 나중에라도 자신과 맞는 교회 공동체가 있다면 정착할 마음이 있으신가요?**

● 만약 교회를 떠난다면 다시 다른 교회에 다닐 마음은 없어요. 가장 큰 변수는 아무래도 가족이기 때문에 혹시 아이들이 원하면 교육부 예배에만 따라다니겠지요.

　그래도 애들도 키워야 하고 가정 바깥의 울타리는 필요하니 교회가 아니더라도 공동체의 성격을 가진 곳이면 마음을 열 수도 있을 것 같아요. 마을 공동체는 어떨까 생각해 본 적도 있고요. 그러면서도 한편으로는 사람 사는 곳이면 다 거기서 거기지 않을까 하는 마음도 들어요. 요즘은 여력이 없어서 그런 부분까지 깊이 생각해본 적은 없어요.

혹 어떤 형태로든 공동체에 속하게 된다면 다양성을 얼마나 존중하는가가 제일 큰 기준이 될 것 같네요.

교회에서 대부분 금기시하는 것들, 예를 들면 가족주의가 심하지 않고 성 소수자를 혐오하지 않고 과학을 이단시하지 않는다면 좋겠어요. 전 호기심이 많고 개방적인 성격인데 교회는 내가 관심 있고 궁금해하는 영역에 대해서 다 안 된다고 하니까 평생 티를 못 내고 살았어요. 그런 면에 열린 곳이면 마음을 열기가 쉬울 것 같아요. 하지만 아무래도 공동체라면 하나 이상의 공동 목적이 단단하게 있을 텐데 그걸 또 감당할 수 있을지는 모르겠어요. 그나마 사회에 책임감을 가지는 자세가 목적 중에 있었으면 좋겠습니다. 내면의 평화와 개인, 가족 단위의 안정만을 추구하는 기존의 교회와는 달랐으면 좋겠어요.

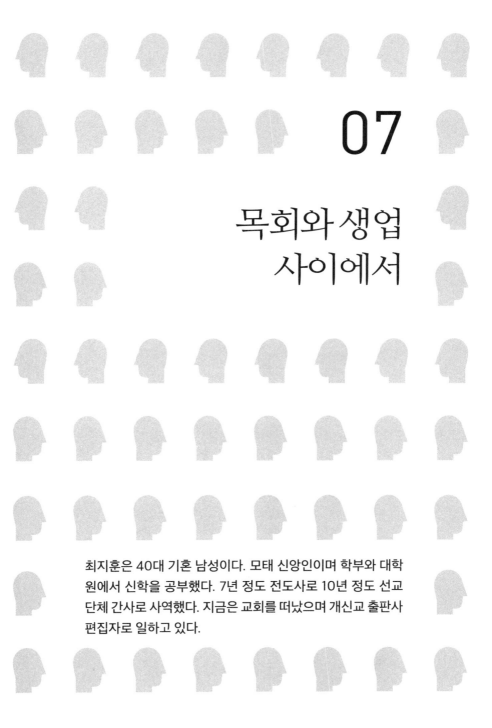

07

목회와 생업
사이에서

최지훈은 40대 기혼 남성이다. 모태 신앙인이며 학부와 대학원에서 신학을 공부했다. 7년 정도 전도사로 10년 정도 선교단체 간사로 사역했다. 지금은 교회를 떠났으며 개신교 출판사 편집자로 일하고 있다.

● **본인의 신앙 여정을 간단하게 소개해 주세요.**

● 흔히 말하는 모태 신앙이고, 오순절 계통의 교단에서 20대 초반까지 신앙생활을 했어요. 그 이후에는 장로교단에서 신학교와 신학 대학원을 마치고 전도사로 30대 중반까지 사역했습니다. 그 사이에 선교단체 간사로도 10년 정도 활동했었고요. 교회를 다니지 않은 지는 대략 6년 정도 된 것 같네요.

● **신학을 하게 된 계기는 무엇인가요?**

● 먼저는 저희 어머니의 서원? 이라고 하죠. 저를 임신했을 때 목회자로 서원하셨던 것과 군 복무 기간에 경험했던 특

별한 소명 체험, 이 두 가지 사건이 계기가 되어 신학을 하게 되었습니다.

● **선교단체 사역 기간은 어떠했나요?**

● 대략 10여 년 정도 자원봉사자와 파트 간사로 참여했고요. 당시 한국교회에 선교와 부흥 운동이 활발하던 때여서 사명감과 열정을 가지고 참여할 수 있었어요. 무엇보다 좋은 사람들을 많이 만나서 신앙적으로 인격적으로도 성장할 수 있었던 것 같아요. 힘들었던 점은, 대부분의 선교단체가 그렇듯 지나친 헌신을 요구하는 것, 경제적으로 어려웠던 상황들을 들 수 있겠네요. 크게 후회되는 점은 없지만 3~4년 정도만 직업 전선에 빨리 뛰어들었으면 어땠을까 하는 생각을 해 본 적은 있어요. 파트 간사라 사례비를 받진 않았거든요.

● **교회 사역 기간은 어떠했나요?**

● 대략 20대 후반부터 시작했으니 약 7~8년 정도 했던 것 같네요. 주로 중고등부, 청년부 사역을 했었어요. 좋았던 점은 많은 사람을 만나고 좋은 경험을 함께했던 것, 선교단체에서 만난 분들도 그렇지만 지금도 교회 사역할 때 만났던

사람들과 계속 연락하고 만남을 유지합니다. 힘들었던 점은 적은 사례비로 인해 생계를 꾸려가기 어려웠던 점, 상명하복 방식의 의사결정 체계 때문에 생기는 갈등, 그리고 높은 사역 강도로 인해 건강이 나빠진 것 정도입니다.

● **파트 전도사는 사례비를 얼마나 주나요?**

◉ 일한 교회에 따라서 좀 다른데요. 제일 적게 받은 곳은 30만 원, 제일 많이 받은 곳은 70만 원이었어요. '수금토일' 출근하고요. 아이러니 한 건 초대형교회에서 일했을 때가 제일 적게 받았어요.

● **사례비는 연차에 따라 오르거나 하진 않았나요?**

◉ 네. 연차가 쌓이면 사례비를 10만 원이라도 올려줘야 하는데 그게 부담이 되니까. 일하던 사역자를 내보내고 새로 사역자를 뽑더군요.

● **새로 온 사역자는 경력과 상관없이 사례비가 정해지나 보죠?**

◉ 네. 모든 교회가 그런 건 아니지만 제가 일했던 곳은 파트 사역자의 경우는 얼마, 이렇게 정해져 있었어요.

● **사역을 그만두게 된 이유는 경제적인 문제 때문인가요?**

● 그 영향도 있었지만 그게 제일 큰 이유는 아니었어요. 교회 지도부에서는 상명하복식으로 교회 행사에 대한 의사결정을 하달하고 사역자인 저는 청년들을 동원해서 그 일들을 수행해야 하는데 그런 일이 반복되니까 회의감이 들더라고요.

　또 사역만 해서는 생계를 꾸려갈 수 없으니까 지속 가능한 사역을 위해서 자비량 사역, 또는 사역과 직업을 병행하는 이중직이 필요하다는 생각이 있었어요. 그래서 출판사 일과 교회 파트 사역을 몇 년간 병행했었는데요. 그 과정에서 가정과 건강에 심각한 어려움이 생겨서 고민 끝에 교회 사역을 그만두기로 했습니다.

● **교회 사역과 직장 생활을 병행하는 게 쉽지 않았겠네요.**

● 원래 일과 사역을 병행하기로 마음먹은 데에는 내가 좋아하는 사역을 더 길고 안정적으로 할 수 있는 방법에 대한 고민이 큰 이유였습니다. 그런데 막상 2년 정도 직장 생활과 사역을 병행하니 그야말로 '월화수목금금금'인 상황이라 도무지 쉴 수가 없어 건강이 급격히 나빠지더라고요. 무엇보다 절대적인 시간이 모자라니 가족에게도 미안한 상

황이 벌어지고. 결국 직장, 교회, 가정 어느 하나에도 제대로 집중하지 못하는 거예요. 그래서 결국 직장과 사역, 둘 중 하나를 선택해야 했고, 비교적 생활에 더 도움이 되는 직장 생활만 하기로 했습니다.

● **직장 생활은 어떤가요?**

◉ 재미있어요. 제가 전공한 거랑 일단 맞닿아 있잖아요. 제가 좋아하고 관심 있는 분야를 일로 하니 재미있더라고요. 교회 사역만큼은 아니지만, 경제적으로는 여전히 힘든 부분이 있어요.

● **지역 교회를 왜 떠나셨나요?**

◉ 사실 사역을 그만두더라도 교회를 떠날 생각은 없었어요. 그래서 집과 조금 거리가 있는 교회에 1년 정도 출석하기도 했고요. 그 교회가 너무 좋았지만 아이가 어릴 때 교회만 다녀오면 감기에 걸려서 고민 끝에 집 근처에 있는 좋은 평을 받는 교회에 출석했습니다. 오래 다닐 생각으로 새신자 교육부터 셀 모임까지 열심히 참여했고요. 나름대로 잘 적응하고 있다고 생각했는데, 교회 안에 있는 평신도 리더 중 한 분이 좀 선을 넘어서 저희 가족의 신앙에 참견하기

시작했습니다. 멋대로 우리 가족의 기도 제목을 결정한다던가, 신앙 관점의 차이를 인정하지 않고 자기가 가진 견해를 억지로 주입하려고 하기도 했고요. 저희는 자율적인 주도권을 침해하는 종교인들을 너무 싫어하거든요. 결국 어느 날 심각하게 선을 넘어 저희 가족의 바운더리를 침범한 사건이 일어났고, 결국 저희가 담임 목사와 상의하고 교회를 떠나기로 했습니다.

● **교회의 구조적인 문제와 무관하지 않겠네요?**

● 아무래도 기존 교회는 여러 가지 행사도 있고, 교회 일에 '헌신'할 사람이 필요하니까요. 그런 일을 열심히 하는 사람일수록 교회 안에서 발언권도 생기고, 영향력도 크니 아무래도 일종의 사회적 자본이 형성되어 보이지 않는 힘을 행사하게 되는 것 같아요. 그러면 목회자도 사실 적극적으로 그 사람의 행보에 대해 조언을 하기 어렵겠죠. 특히나 개교회주의가 강한 한국교회 현실상, 맘에 안 들면 떠나기 쉬우니 목회자 입장에서는 그런 열성분자[7]를 적절히 다루기 쉽지 않은 것 같아요. 이런 이유 때문에, 강력한 카리스마로 성도들을 관리하려는 쪽도 있는 것 같습니다.

- **지역 교회를 완전히 떠나기 전, 자신과 맞는 공동체를 찾거나 만들어볼 시도를 해 본 적이 있나요?**

- 사실 마음 맞는 몇 사람과 작은 가정교회 형식의 공동체를 고민해 본 적은 있었습니다. 그런데 제 안에 '과연 이것을 시작하고 중간에 포기하지 않고 끝까지 유지할 수 있을까?'라는 의구심이 있었어요. 제가 과연 일종의 목회자로서 사람들을 목양할 수 있을까? 한국교회 정서상 아무리 대안적 공동체라 해도 목회자 중심으로 운영되는 많은 사례를 봤기에 더욱 자신이 없었죠. 그래서 결국 긴 고민 끝에 하지 않기로 마음먹었습니다.

- **지역 교회를 안 나간 기간 동안 신앙인의 정체성을 어떻게 유지했나요?**

- 지역 교회에는 물리적으로 출석하지 않았지만, 사실 오랜 사역 경험과 기독교 출판계에 몸담고 있다는 상황, 그리고 선교단체 등에서 생겨난 인적 네트워크 때문에 기독교적인 문화권에서 완전히 이탈한 것은 아니었어요. 일요일에 교회를 안 간다 뿐이지 선교단체의 예배 모임이나 개인적 요청을 받아 가는 설교/강의, 또 신학 관련 세미나 등의 기독교 모임에는 계속 연결되어 있었기 때문에 그다지 내가

기독교 신앙에서 이탈했다는 생각은 해 보지 않았습니다. 사실 교회에 출석할 때도 교회 출석과 신앙을 분리해서 생각하기도 했고요.

● **교회를 떠난 후 기독교에 대한 입장에 변화가 있나요?**

● 저의 입장을 굳이 범주화한다면 '기독교 이신론'에 가까운 것 같아요. 래리 크랩이 『하나님을 신뢰한다는 것』에서 자신이 '기독교적 이신론자'라고 밝히는데요, 신에 대한 확고한 믿음과 이해할 수 없는 일들이 벌어지는 현실 사이에서 신이 현실 세계에서 물러나 있지만 그럼에도 그 의도가 여전히 선하다고 이야기합니다. 일종의 수정되지 않은 신앙과 수정된 이신론을 함께 믿는다고 하는 그의 이야기가 지금 제 신앙을 잘 설명해 줄 수 있는 것 같습니다. 변화라기보다는 조금 더 명확해진 것 같네요.

● **이런 과정에서 가족 간의 갈등은 없었나요?**

● 네, 애초에 신앙 형태의 선택을 가족을 위해서 결정한 부분이 크기 때문에 대체로 모두 만족하는 편이에요. 다만 요새는 아내가 가끔, '교회에 가야 하나 싶다'는 이야기를 해서 놀란 적이 있습니다.

- **자녀의 신앙 교육에 대한 고민 혹은 대안은 없나요?**

- 신앙은 저희 아이가 성장하는 과정에서 자연스럽게 갖거나 갖지 않거나, 자유롭게 선택했으면 좋겠어요. 아무래도 기독교와 관련된 콘텐츠나 내용이 가까이 있고, 저 자신도 가정예배를 드리거나 성경 이야기를 들려주거나 만화/그림 성경 같은 책에 노출시키고 있어서 나름 기독교적인 배경에서 성장하는 것 같긴 해요. 질문도 곧잘 하고요. 하지만 교회 주일학교에는 개인적으로 절대 보내고 싶지 않아요. 주일학교 교육에 대한 불신(창조과학, 이데올로기 교육 같은)이 큰 탓도 있고, 교회 구조상 주일학교에 큰 관심을 기울이지 못하는 사정을 알기 때문에도 그렇습니다.

- **'이런 교회 공동체가 있다면 다시 다녀볼 마음이 있다'는 생각을 해 본 적이 있나요?**

- 아마도 코로나19 상황으로 인해 많은 분들이 '교회를 안 가면 이렇게 삶의 질이 올라가는구나!'라는 경험을 하셨을 것 같아요. 주말을 온전히 쉬거나, 일요일을 껴서 여행을 간다거나, 친구들과 모임을 하는 등 전반적으로 교회를 안 가는 삶이 만족스러운 게 사실이라 그다지 교회를 다니고 싶지는 않아요. 일요일이 아닌 주중 예배 모임만 갖는다

면 소속되고 싶은 생각도 있습니다. 하지만 여전히 교회론이라든가, 신앙적 배경에 남아있는 고정 관념들 때문인지 '서로에게 헌신된 관계' 같은 무거운 교회만 생각나는지라 딱히 교회를 다니고 싶다는 생각이 안 드는 것도 사실이네요.

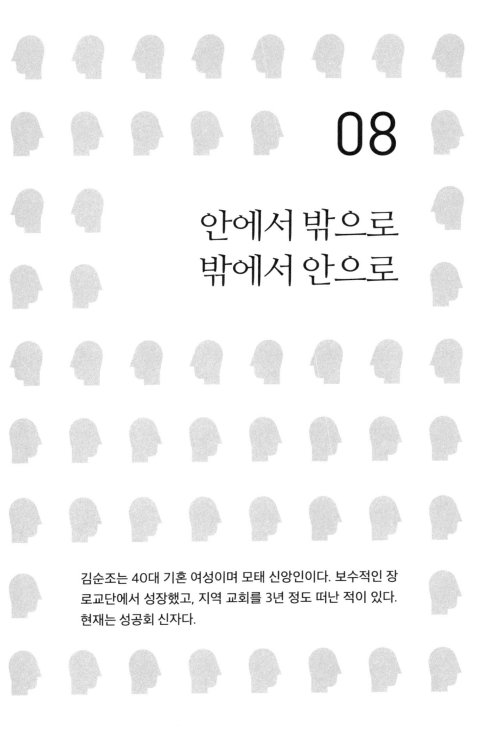

08

안에서 밖으로
밖에서 안으로

김순조는 40대 기혼 여성이며 모태 신앙인이다. 보수적인 장로교단에서 성장했고, 지역 교회를 3년 정도 떠난 적이 있다. 현재는 성공회 신자다.

● 신앙을 갖게 된 후부터 현재까지의 과정에 대해 말씀해 주세요.

○ 외가가 기독교 집안이에요. 외할머니의 고모님이 처음 신앙을 가지셨고요. 외할머니는 소위 신여성이라 할 수 있는 분으로 감리교에서 이른 나이에 장로가 되셨어요. 어머니 역시 신앙을 물려받아 결혼 후 자연스럽게 동네에 있는 교회에 출석하게 되었는데 장로교였어요. 저는 그 교회에서 유아세례를 받았고요. 어머니는 인품이 좋으신 목사님이 마음에 들어 그 교회에 가게 되셨다고 해요. 그러다 제가 초등학교 저학년 때 목사님이 돌아가셨고 이후 새로운 목사님이 오시고 교회도 옆 동네로 이사를 하게 됐어요. 새로 오신 목사님은 보수적인 신앙관이 확고한 분이었어요.

그 후로 어머니는 전보다는 교회에 대한 애정이나 소속감을 덜 느끼게 되셨던 것 같아요. 저는 대학생 때는 교단 내 조직인 선교단체에서 활동했고, 보수적인 분위기 속에서도 서울 북부 지역 대학들의 대표를 맡아 여성 리더십을 발휘하려는 의욕도 가졌었어요. 기독교 문화에 친숙한 터라 고등학교와 대학교 역시 기독교 학교에 진학했고, 첫 직장도 기독교 회사였어요. 이후 교회를 나와 3년가량 소속 없이 지내다가 세 번째 직장에 자리를 잡은 후 마음에 두었던 교회에 출석하기 시작했어요. 대안 교회라 할 수 있는 교회였습니다. 그 교회에 만 5년 출석하다가 그곳에서도 더 있지 못할 상황이 되어 성공회로 옮기게 되었고요. 성공회에 온 지 이제 만 8년가량 된 듯합니다.

● **어린 시절에는 보수적인 신앙관을 가지셨을 것 같네요.**

◦ 첫 교회는 비타협적이고 보수적인 교파라는 자부심이 강한 교회였고 성경 읽기와 교리 공부를 매우 중시했습니다. 어릴 때부터 성경 공부를 많이 한 거 같고요, 청소년 시기부터는 매일 성경 읽고 기도하는 시간을 가졌어요. 그날 읽은 본문과 묵상한 내용을 적는 노트도 여러 권 갖고 있었고요. 그런 의식이 마음을 편안하게 해줬던 거 같은데 만약

거르게 되면 마음이 편치 않았던 것 같아요. 교회 분위기는 규율적이었고 엄격했어요. 성경을 문자적으로 해석하고 완전축자영감설과 젊은 지구론, 창조과학, 세대주의적 전천년설 등을 믿고, 설교 때 목사님이 하나님은 지구에 인간이 쓸 만큼의 모든 자원을 비축하셨기 때문에 환경보호 같은 건 하지 않아도 된다고 하시거나 보수 정당 지지하는 발언하시고요. 그런 교회요. 그 때문에 환경 문제에 관심이 많던 저는 고등학생 때 환경학과에 진학하고 싶은 마음도 있었지만 왠지 좋은 선택이 아니라는 생각이 들었던 기억이 나요. 하지만 어찌 보면 그렇게 완전한 답을 제시해주는 것이 유년기와 청소년기에 저에게 안정감을 주기도 했던 것 같습니다. 제 작은 세계는 신앙으로 구성되어 있었고 그것이 완전한 답이자 결론이며 전부라고 배웠고 믿었어요.

● **지역 교회가 삶의 전부라고 봐도 무방했겠네요?**

◉ 초등학생 때까지는 교회 친구가 동네 친구이자 학교 친구였던 것 같아요. 당시에는 다들 동네 교회에 다녔고 뭐든 열심이던 시절이니까요. 중학생이 되면서 중고등부에 올라가게 되었는데 초등학생 때와는 다른 성숙한 분위기였고 선배들이 신앙생활 하는 것을 보고 들으며 동경하는 마

음이 생겼던 것 같아요. 다른 친구들보다 더 반듯하고 좋은
모습을 보여주고 싶은 욕심도 생겼던 것 같아요. 그리고 대
학부 활동을 하면서 삶의 목표나 방향 같은 것이 전부 다
기독교 신앙과 떼려야 뗄 수 없는 수준으로 합치되었던 것
같아요.

● **지역 교회를 왜 떠나셨나요?**

○ 제 세계가 깨지기 시작한 건, 처음은 보수적인 교회의 여성
관 때문이었다고 생각해요. 교회 안에서 여성은 보조적인
존재였고 수동적이어야 했고, 남편을 섬기고 자녀들에게
올바른 신앙을 전수하는 역할을 맡아야 하는 것 같았어요.
목사님은 설교 중에 여러 차례 아이를 많이 낳는 것도 선교
라고 하셨고 여학생들은 아멘이라고 대답해야 하는 분위
기였어요. 마음속에 여러 물음표가 생겨나면서도 그때까
지는 이미 완결형으로 짜인 세계에 균열을 낼 엄두까진 내
지 못했어요.

　그러다 대학을 졸업하고 대학원에 진학하게 되었습니다.
그전까지는 교회와 신앙이라는 것이 삶과 분리되지 않은
상태였어요. 졸업을 하고 나니 구체적인 현실이 펼쳐졌는
데 졸업 이후에 어떻게 살아야 할지에 대해 교회에서는 가

르쳐준 바가 없었어요. 대학원에 진학하면서부터 사회생활이란 게 시작되었어요. 기독교 여자 대학에 다니다가 남녀공학 대학원에 들어가니 저를 둘러싸고 있던 안전망이 제거된 기분이 들었습니다. 20대 중반 여성에게 사회는 다방면에서 폭력적이었어요.

이후 대학원 졸업과 취업 준비를 위해 토익학원에 다니며 반년가량 영어 공부에 매진했는데 다양한 배경의 취준생들이 집합한 그곳에서도 여러 측면에서 대상화되는 저의 존재를 확인해야 했어요. 그러다 취직을 하게 됐는데 대학원과 영어학원에서의 경험은 직장 생활을 하기 위한 준비과정이었구나 싶을 만큼 고됐습니다. 20대 여성인 제가 전문적인 직업 능력을 갖춘 사회인으로서 자신의 자리를 찾기까지 매 순간 버텨야 했고 말도 안 되는 상황들을 직면해야만 했습니다. 매주 정신적·체력적으로 에너지를 소진하고선 주말에는 누워서 회복만 하기에도 시간이 부족하다 보니 교회를 자주 빠지게 됐습니다. 교회는 제 싸움을 전혀 몰랐습니다. 모른 척한 게 아니고요. 교회는 제가 처한 상황과 어려움에 대해 아무 이해가 없었고, 이해가 없으니 관심이 없었고, 관심이 없으니 관리가 안 됐습니다. 오히려 이제 사회인이니 더 많은 몫을 감당하라는 압박이 있었어요. 돌봄의 대상이기보다 그저 인력으로 여겨져 뭘 더 시킬 수 있나 기회를 살피는 듯했습니다.

저는 청년들에게 신뢰와 돌봄과 회복의 공동체가 절실하다는 걸 깨닫고서 몇몇 청년들과 함께 청년부 모임을 활성화해서 함께 마음을 나누고 의지와 위로가 되는 분위기를 만들어야겠다고 생각했어요. 그것이 당시 제 신앙의 당위와 방향이 되었습니다. 청년부 이름도 그런 취지에 맞게 바꿨고요. 베이비붐 세대 부모들과는 다른 2세대라는 의미의 이름이었어요. 역시나 청년들의 반응이 있었고 분위기가 좋았습니다. 당시 청년부 담당 교역자 분들도 청년들을 가족처럼 챙겨주시는 따뜻한 분들이었어요.

그러던 중 담당 교역자가 바뀌었는데 담임 목사님의 아들이었습니다. 의욕적이지도 않고 청년들에게 일일이 관심을 쏟지도 않았어요. 주일학교 성경공부 복사본을 청년들에게도 나눠주었고요. 그보다 더 큰 문제는 가장 최악의 담당 교역자인 이 사람에게 단계적인 세습이 이루어지고 있었습니다. 사회에 진입해 적응하느라 힘들어하는 후배들이 지쳐서 이번에는 교회 봉사를 맡지 못하겠다고 말해도 허락해주지 않았어요. 후배들은 그런 고충을 저에게 쏟아놓았습니다. 점차 청년부 분위기는 안 좋아지고 참석 인원도 줄어들었지만 저는 계속 자리를 지켰어요.

어느 날 그 부목사님이 저한테 제가 청년들을 다 흩어놓는다고 말하더군요. 저는 아둔이 악이라는 걸 그때 배운 것 같아요. 그리고 문제가 있는 조직은 어려운 시기에 끝까지 참고 남은 사람마저 결국 적대시한다는 것도 처음 배웠고요. 그런 와중에 담임 목사님의 설교도 더 이상은 받아들일 수 없는 상황이 되었습니다. 이미 교단의 대표격 교회에서 이루어진 세습과 아들에 대한 직간접적 비호의 내용으로 기억해요. 어느 날 피로감에 늦게 일어나 저녁 예배에 겨우 참석했다가 설교를 들으며 '아, 오늘이 마지막이구나' 생각했습니다. 그날 이후로 그 교회에 나가지 않았어요.

● **3년 정도 공백이 있다가 새로 정착한 교회에서의 신앙생활은 어땠나요?**

○ 첫 교회를 나와 이따금 동네에 있는 기독교장로회 소속 교회에 가곤 했는데 당시 저는 상식적이고 낯선 사람에게 조심스러우면서도 마음이 뭉클해지는 그 교회가 좋았어요. 등록은 하지 않고 이따금 나가는 정도였습니다. 이후 직장을 한두 차례 옮기고 대학원도 마치게 되었고, 새 회사에 입사하게 되었습니다. 몇 년에 걸쳐 고군분투해오다가 그

즈음 사회인으로서 어느 정도 자리를 잡은 기분이었어요.

새 회사 입사하고서 얼마 후에 직장 선배에게 추천받은 교회에 갔습니다. 교회 개혁 운동에 관심이 있는 교회였어요. 건강성을 해치는 기존 교회들의 관행들을 답습하지 않으려는 실험적 장치들로 이루어진 규약이 있는 곳이었습니다. 그곳에서 청년부에 소속되었고 현재 남편도 만났습니다. 이제 마음을 붙이고 다닐 만하다 싶었는데 출석한 지 1년이 채 못 되어 교회가 나뉘는 사건이 일어났습니다. 교회 다니다 보면 대립하다 결국 분열하는 경험을 대체로 다 해보는 거 같은데 저도 결국 겪게 된 것이죠. 제 첫 교회도 제가 나온 후로 그런 과정을 겪었다고 들었어요. 하지만 교회 개혁 운동을 하는 곳에 와서 그런 경험을 하니 너무 막막했습니다.

거칠게 설명하자면 보수적 성향인 장로 측과 진보적 성향인 목사 측이 대립하는 상황이었는데 결국 목사 측은 교회를 새로 개척하여 나갔고 장로 측은 남게 됐습니다. 저는 교회에 남았는데 장로 측에 동조했기 때문이 아니었습니다. 당시 저는 두 개뿐인 선택지를 위험하게 봤어요. 옳음이라는 명분을 가진 이들의 거친 방식이나, 누군가를 악으로 규정하고 단죄하고 구성원 사이에서 서로를 살피며 패를 감추고 너는 어느 쪽이냐 확인하는 상황이 마치 남이냐 북이냐 묻는 듯해 불편하고 괴로웠어요. 하지만 결국 저는 제가 실패했다고 생각하게 됐어요. 정밀한 판단과 가치 따위는 현실에서 작동이 되지 않았어요.

이후 남은 청년들은 청년부에 마음을 붙이려 했고 30대 모임이라고 이름을 바꾸어 혼란기인 교회에서 재적응하려고 노력했어요. 하지만 규모가 작아진 교회에서 어르신들은 30대끼리의 모임을 좋은 시선으로 보지 않았고, 모임을 해체해 전 연령을 합한 후 구역으로 나누길 원했습니다. 그러는 동안 교회에서는 이전 분열 상황의 연장처럼 계속해서 남은 멤버 간에 크고 작은 색깔 공방이 이어졌고, 가장 왼쪽 귀퉁이가 점차 탈락되는 식으로 계속 구성원의 이탈이 일어났습니다. 어느새 그 귀퉁이에 저와 남편이 있었고 마음을 주었던 모임마저 사라질 상황을 맞자 더 이상 그곳에 남고 싶지 않았습니다. 당시 저는 30대의 제 5년을 낭비했다는 실패감에 사로잡히게 됐습니다. 첫 교회를 나와서 사회에 자리 잡는 몇 년간 소속 없이 지내다가 정착한 교회였고, 남편을 만나 결혼하고 아이를 낳아 유아세례까지 받게 한 곳이기 때문에 그곳에서 나오려니 겨우 내린 뿌리가 다시 뽑히는 것 같았습니다.

● **대안이라고 생각한 곳에서 그런 일을 겪었으니 상실감이 크셨겠어요.**

◦ 결국 그곳에서도 나오고 나니 개신교 내에서 갈 교회가 없다는 생각이 들었어요. 교회에서 일어나는 문제들이 개신교 시스템의 한계로 인식되지, 개별 교회 간에 큰 차이는 없겠다는 생각이요. 남편은 주일에 교회에 가는 것에서 신앙을 확인하고 위로를 받는 사람이어서 제 가족이 출석할 교회가 필요했어요.

그래서 성공회에 오게 됐습니다. 성공회는 모든 지역 교회 신자들이 같은 성서정과[2]와 전례[3]로 신앙생활을 하고 사제들도 몇 년 주기로 바뀌기 때문에 개신교처럼 담임 목사 한 명의 카리스마로 좌우되는 분위기가 없어요. 그런 시스템이 저에겐 최소한의 안전장치로 여겨졌어요.

또 개신교에 있을 때는 저는 개인의 독자성이나 개성을 부정적으로 인식했던 것 같아요. 아집과 자아라는 표현이나, 밀알이 땅에 떨어져서 그대로 있으면 수확이 없고 썩으면 결실한다거나, 옛사람을 십자가에 못 박는다거나 하는 본문이 강조되는 분위기 때문 같아요. 예수님이라는 거푸

---

2 교회력에 맞춘 성경읽기표
3 典禮, liturgy: 성공회가 정한 예배형식

집에 들어가 모두 같은 규격의 예수님 모양 벽돌로 재탄생해서 교회를 이루어야 할 것 같았어요. 성공회에 와서는 교회를 모자이크 이미지로 재인식하게 됐어요. 저는 빨간 네모이고, 누군가는 노란 세모, 또 다른 사람은 파란 동그라미인데, 큰 모자이크 안에 비어 있는 빨간 네모 자리 안에 제가 들어가야만 교회도 완성되고 저도 그제야 온전한 저 자신으로 완성되는 거죠. 저도 교회도 함께 완전해지는 거예요. 이 그림을 인식하고서 저는 고유한 저 자신이 부정당하지 않고, 있는 모습 그대로 교회에 받아들여지는 기분을 느낀 것 같아요.

좋은 점만 우선 언급한 것 같은데, 교회에 고민을 가진 분들에게 성공회를 추천하고 싶다거나 성공회에 만족도가 높은 건 아니에요. 제가 이해하기로, 성공회를 거칠게 세 부류로 분류하면 복음주의 신학, 자유주의 신학, 사회선교 분야로 나뉘는 것 같아요. 저는 여전히 제가 복음주의자라고 생각하는데 사고의 영역에서는 여러 열린 생각들을 하고 있고, 이런 생각의 끝이 복음주의적 신앙으로 결론 내려지길 바라고 있어요. 제 여정처럼 보수적인 지역 교회를 다니다가, 조금 진보적인 형태의 개신교 교회로 이동했다가, 성공회로 옮기는 식으로 교회 이동에 대해 도식적으로 이해하는 것은 적절하지 않다고 생각합니다. 현재로서 저는 이 모든 신학적 스펙트럼을 결국 신을 향하고 신을 이해하고 알아가고자 하는 인간의 모든 다양한 시도들의 총합 정도로 인식하고 있어요.

● **자신에게 잘 맞는 공동체를 찾으신 건가요?**

● 제 경우는 교회에 다시 돌아간 것일 수도 있고, 돌아가지 않은 것일 수도 있어요. 8년째 성공회를 다니고 있지만 두 번째 교회를 나온 이후부터는 교회에 소속돼서 신앙생활을 한다고 할 수 있는 건 아닌 것 같아요. 지금 교회에 정착했다고 생각하지 않고 있어요. 성공회에 출석하는 것은 예배를 드리러 가는 곳이라는 인식이 강한 것 같아요. 사실상 첫 번째 교회를 나온 이후부터 저는 가나안 성도가 되었다고 생각해요. 5년간 다닌 두 번째 교회에서 청년부와 30대 모임에 속해 있을 때는 내가 속한 공동체라는 친밀감을 느꼈지만 그 외 분들과는 관계를 형성하지 못했고, 지금 세 번째 교회는 그보다 더 길게 다니고 있는데 그 전만큼의 관계도 형성하지 못했어요. 의도적으로 선을 긋거나 거리를 두는 것이 아니라 소속감을 가져야 한다고 생각은 하는데 이제는 시간이 너무 오래 걸리고 쉽지가 않은 것 같아요.

성공회 와서 소속 없이 2~3년이 지난 후 한 공동체에 소속되게 되었어요. 임원도 맡고 제 기준에서는 노력해서 관계를 쌓으려 했지만 쉽지 않더라고요. 처음에는 새로 온 다양한 사람들이 모여 있다는 점이 마음에 들었는데, 30~50대 기혼 부부 가족 모임으로 분위기가 기울면서 그런 정체성이 저한테 맞지 않는다고 생각했어요. 진짜 교회 공동체라기보다 사회생활 하는 기분이 더 컸고요. 중년 시기가 어느 정도 사회적 성취를 이룬 상태여서 사회적 직함과 계층을 먼저 느끼게 되기 때문에 친밀한 관계를 맺기에 제약이 생기는 것 같아요. 그래서 오래 다니던 교회를 떠나게 되고 연령도 청년기를 넘어서게 되면 그 후로는 교회에 정착하기가 더 어려워지는 것 같아요.

그런 과정에서 자연스럽게 교회 공동체의 의미는 느슨해지고 범위는 확장된 것 같아요. 그게 가능할 수 있었던 것은 예전 직장이 기독교 회사였기 때문에 이전 동료들과 신앙적 공통 정서를 기반으로 관계를 이어갈 수 있었기 때문 같아요. 기독교 단체들과의 관계성도 있어서 그 지인들로 이루어진 여러 모임이 제 신앙 모임이자 교회의 개념이 된 것 같아요. 신앙적·정서적 요구는 이 모임들에서 대부분 충족이 되는 것 같아요. 교회 밖에서 교회 공동체가 꾸려지는 특이한 상황인 셈이죠. 그리고 그 기반은 온라인과 오프라인을 넘나들고요. SNS 역시 일종의 교회 공동체거든요. 지금의 기독교 공동체는 온·오프와 교회 안팎의 경계가 희미해졌다고 생각해요. 어느 날 지인 모임 때 그중 한 명이 여기가 내 교회 모임이라고 말했는데 그 말이 인상 깊었어요. 그 지인도 몇 해 전 교회를 옮겼는데 아직은 크게 소속감을 느끼지 못하는 상태거든요. 이렇게 된 데는 3년째 이어지는 코로나 상황도 영향을 미쳤고요.

● **어떤 상황이나 조건이 되면 다시 지역 교회를 떠날 의향이 있나요?**

● 저는 여전히 기독교를 탐구 중인 입장이고, 만약 성공회에 더 있어야 할 이유가 없다고 생각하게 될 때 떠날 수도 있다고 생각해요. 하지만 가벼운 이동을 의미하는 것은 아니에요. 저는 이미 뿌리 뽑히는 경험을 두 차례나 했으니까요.

성공회 와서 5~6년쯤 되었을 무렵에 교회를 옮기고 싶은 마음이 강하게 들었던 때가 있었어요. 애매한 상태로 너무 시간이 지나버린 기분이 들었어요. 저는 교회의 에큐메니컬 신앙이 이성적 사고를 날카롭게 하고 신앙에 관한 생각과 생태계를 풍성하게 하는 데 도움이 된다고 생각하지만, 신앙생활을 하는 데 있어서는 확실히 어려움을 느끼게 한다고 생각했어요. 지금도 어느 정도는 그렇게 생각하고요.

또 단정할 수는 없겠지만, 성공회는 새로 온 신자가 뿌리내리기 어려운 구조이기도 해요. 적은 교세로 대를 이어 오래 교회를 지켜온 분들이 있다 보니 저는 만 8년이 되었는데도 여전히 새 교우 같거든요. 교회 시스템과 전례, 감사성찬례[4]는 마음에 드는데, 뿌리 내리기 어려운 분위기와 자유주의 신학, 그리고 마음을 열고 함께할 공동체를 실제로 찾기 어렵다는 부분이 교회 생활을 어렵게 해요. 그래서 다른 지역에 있는 성공회 소속 교회에 가볼까, 아니면 복음주의권에서 적절한 교회를 찾아볼까 생각도 했었는데 실행은 못 했어요. 남편은 이제 좀 마음 붙이고 다니는 교회를 제가 떠나고 싶어 하는 것에 스트레스를 받았거든요. 저는 제 지인 공동체라도 있지만 남편은 교회 출석이 전부이니 남편의 의사도 중요하다고 생각했어요. 당장 나가야만 하는 사건이나 문제가 있었던 것도 아니고요. 생각이 정리되지 않는 기분인 거였으니까요. 그게 교회를 옮겨서 해결

---

4   성공회의 전례 가운데 하나로 개신교의 예배와 같은 의미이다.

할 문제인가 아닌가 하는 생각을 해 보게 됐던 것 같아요. 아이 또한 태어난 교회에 대한 기억은 없고 지금 교회를 자기 교회로 알고 있어서 아이의 생각도 존중해야 했고요. 아이 역시 옮기고 싶지 않다고 했어요. 가족이 있는 경우, 그리고 각자 마음에 드는 곳에 다니는 게 아니라 함께 다니길 원할 경우, 구성원 각각의 의견을 수렴하고 반영해야 하는 이슈가 있는 것 같아요.

● **요즘 특별히 고민하는 문제가 있나요?**

◉ 요즘 제 고민은 아이에게 어떻게 가족의 신앙을 전달하고 적절히 교육할지에 대한 거예요. 코로나로 근 3년간 주일학교에 가지 않았고, 유아세례를 받은 것 외엔 따로 교리적인 학습을 시키진 않았어요. 아이가 여러 종류의 어린이성경이나 기독교 관련 책들을 읽긴 했지만요. 아이에게 개입해야 할지 하지 말아야 할지 고민이 됩니다. 요즘에는 죽음이 두렵고 인생의 목적이 뭔지 혼란스러워하는데 자연스러운 성장 과정이라고 생각해요. 그럴 때 무언가 설명해주기보다는, 하나님이 우리 마음에 평화를 주시고 우리를 인도해주시라고 기도해줘요. 그리고 하나님이 지켜주실 테니까 걱정하지 말라고 안심시켜줘요. 기도해주면 아이가

훨씬 편안해하는 게 느껴져요. 생각해보면 어릴 때 저는 이런 혼란은 덜 경험한 거 같아요. 삶의 목적도, 죽음 이후도 너무나 분명한 답을 교회에서 가르쳐줬었으니까요. 그래서 아이 때는 제가 제 아이보다는 안정감을 느꼈을지도 모르겠어요. 어쩌면 불확실한 인생의 질문에 대해 답을 주면서 안심을 지켜주는 게 종교의 가장 원초적인 역할이구나 새삼 깨닫게 되기도 하고요.

"참된 교회는 눈에 보이지 않는 것, 정신으로 파악할 수 없는 것, 즉 하나님의 말씀을 의지하는 회중입니다."
— 〈루터의 탁상담화〉 중에서

인터뷰를 마치며 여러 생각이 오갔습니다. 남의 이야기 같지 않아서 마음이 힘들기도 했고 어떤 이야기는 선뜻 동의하기 어려워 여러 날 고민해보기도 했습니다. 인터뷰를 정리하면서 처음 들었던 생각, "가감 없이 그들의 목소리를 담겠다"는 마음을 잃지 않으려고 애썼습니다.

"그래서 어쩌란 말이냐?"

이 인터뷰들을 읽고 나면 아마 이런 반응이 자연스럽게 나올 것입니다. 우린 이제 어쩌면 좋을까요? 모두 교회를 떠나야 하나요? 대안적인 교회를 찾아야 하나요? 아니면 개척해야 하나요? 이 인터뷰집은 쇠락해 가는 한국교회를 위한 대안을 제시하려고 기획한 책이 아닙니다. 사람들은 왜 교회 때문에 고통스러워 떠나는지, 교회 안팎 그리고 경계에 선 사람들의 목소리를 가감 없이 들어보는 데 그 목적이 있습니다. "그래서 어쩌란 말이냐?"라는 물음은 길을 찾는 우리 자신에게 던져야 할 질문일지도 모릅니다.

이 인터뷰에 참여한 이들을 손쉽게 판단하기보다는 먼저 그들의 아픔에 공감했으면 좋겠습니다. 머리를 맞대고 시간을 두고 고민해보면 좋겠습니다. 서둘러 대안을 찾기보다 자신에게 물어보았으면 좋겠습니다. 나는 누구이며 교회는 무엇이며 내가 선 곳은 어디인지 말입니다.